第一子を伸びる子に育てる本

思いやりと個性をはぐくむお母さん

平井信義

PHP文庫

○本表紙図柄＝ロゼッタ・ストーン（大英博物館蔵）
○本表紙デザイン＋紋章＝上田晃郷

第一子を伸びる子に育てる本 ✿ 目次

第1章

お父さん、お母さんに知ってほしいこと「温かい心」をもつ子に育てよう

子どもの情緒の安定のためにできること

「思いやりって何？」

お母さんの心の器を大きくしよう

草花の栽培やペットの飼育で育てる「思いやり」

第2章

理想の子どもは「一人でできる子」

一人遊びのできない子、友だちのできない子は注意信号

「けが」のすすめ

第4章

ひらめ先生の悩んだときのしつけ教室

本文イラスト✿橋本美貴子

第1章

お父さん、お母さんに知ってほしいこと

「温かい心」をもつ子に育てよう

子どもの情緒の安定のためにできること

あなたの頭に角《つの》はないでしょうか？

さて、お母さん、あなたはお子さんにとって慈母でしょうか。慈母とは、そのひざの上にのっていると心が落ちつき、そばにいるとほのぼのと温かさを感ずる——という子どものお母さんです。

ある保育所でのことですが、母の日のために、お母さんの顔を子どもたちに描いてもらったところ、頭に角をつけた子どもがいました。小学校の先生からも同じ話を聞きました。これでは、鬼母です。子どもの顔を見ればガミガミ言うお母さん。

このようなお母さんのそばにいくと、子どもの心は落ちつかなくなりますし、ついには心が母親から離れていってしまうでしょう。そうなれば、思春期以後になると、家庭を離れて非行集団の仲間に入ってしまうかも知れません。非行に走った子どもの中には、幼いころに、お母さんの温かさを味わうことができなかった子どもが多くいるのです。

お母さんの温かさは、子どもの年齢が低ければ低いほど、肌で感じ取ります。いわゆるスキンシップです。母乳を与えるのも、その意味で大切です。生後六〜八カ月になると、目の働きの発達とともに、「人見知り」が始まります。親しいお母さんと見なれぬ人とを見分けて、お母さんにすがりつくのが「人見知り」です。「人見知り」が現れてこそ、お母さんと子どもの関係が順調に発達していることを意味します。その意味で、「人見知り」の現れない子どもは母子関係が十分に育っていないのです。抱っこをしたりいっしょに遊んだりして、お母さんにすがりつく子どもに変える必要があります。

ところが、最近、赤ちゃんを寝かせっ放しにして、抱っこをしたりあやしたりしないお母さんがふえています。その結果、子どもがおとなしく寝ていたり、ひとり遊びをしています。お母さんにとっては世話の焼

「ママでなくてはいや！」と言い張るときは、情緒が不安定になっているしるしです。

けないよい子のように見えますが、母子関係を通じて発達する情緒は、未成熟のままです。表情も、いわゆるポーカーフェイス、つまり、表情に喜怒哀楽が現れないのです。「おとなしい」子どもの中に、このような子どもがいます。早く救わないと、友だちとの関係もできず、思春期以後になって突然、世間を騒がすような出来事を起こす子どもになることさえもあります。

母子関係が最も緊密になるのは、一歳半から二歳半の間、とくに二歳前後です。お母さんの後追いがさかんになります。何かにつけて「ママでなくてはいや！」と強情を張るようになります。夜中に添い寝を求めて、お母さんの布団の中に入り込んでもくるでしょう。このような姿が現れてこそ、子どもの情緒の発達が順調に行われていることを意味します。

もし、このころに、お母さんを慕わないという子どもがいれば、心配です。独立心のある子どものように見えますが、にせの独立心であり、情緒は抑圧されているのです。独立しているように見える子どもは、お母さんにとっては世話の焼けない子なので、「よい子」のように見えますが、実は「危険な子」です。近頃、保育所にいる一～三歳の子どもにそのような子どもが目立っています。すぐお母さんから離れて保育所の中で活発に遊びますので、保母さんも「よい子」のように思うかも知れませんが、お母さんと心の通い合いがよくできていないことの現れです。

「肌の触れ合い」が優しい子を育てる

お母さんとの間の肌の触れ合いの少なかった子どもは、幼稚園や保育所の先生がひざにのせたりしますと、しつこく先生の肌を求めます。私たちの学童を対象とした夏季合宿でも、私たちのひざの上にのりきりになる子どもがいます。このような子どもの生活史を検討してみますと、赤ちゃんのころからの肌の触れ合いが非常に少ないのです。そのことがはっきりしたならば、年齢を問わず、何らかの形でお母さんとの肌の触れ合いを実現してもらいます。添い寝も、その大切な方法です。一時はお母さんにぴったりくっつくという状態になりますが、それだけ過去に肌の触れ合いが足りなかったのです。

そのように甘やかしていたのでは、甘えん坊になってしまわないか——という心配が生ずるかも知れません。それを防ぐには、自発性の発達をうながすことが大切で、その点については、次章でお話しします。自発性や独立心も、肌の触れ合いを通じて、母子間の温かい情緒的な関係に支えられていませんと、冷たい行動になって現れます。冷たい心の持ち主は、思春期以後になって、異常な行動を現すことがあるのです。両親、とくにお母さんに乱暴を働くことがありますし、お母さんの肌を求めてすり寄ってきたり、お母さんの布団の中にもぐり込んでくることさえもあり、誤って、精神病にされている子どもさえもいるほどです。私たちは、思春期以後の子どもであっても、何らかの形で肌の触れ合いを実現してもらうようにしています。それをくり返すことによって、不安定だった情緒が落ちついてきて、異常な行動も消えるからです。しかし、それには年月がかかり、非常に強い忍耐力が必要となります。ですから、早くから肌の触れ合いの不足を見つけて、小学校低学年のころまでにそれを補っておいてほしいし、赤ちゃんのころから順序よく肌で可愛がることをしていれば、問題は起きないというわけです。

とくに注意する必要のある年齢は、二歳前後です。このころに、下に子どもが生まれたとか、開業、開店などで手をかけてあげることができず、子どもとの肌の触れ合いが実現できなかった――というときに、母子間の情緒的な関係のうすい子どもができます。

幼児は、お母さんのひざの上にのることが好きです。疲れたとき、ねむくなったときのほかに、何かの不安が心にあると、ひざの上にのろうとするでしょう。ひざの上にのっていると、不安がとれてくるからです。

学童期になっても、疲れたときとか不安のあるときに、子どもは、お母さんにもたれかかってくるものです。このときには、肩を寄せてあげることが大切です。ところが、多くのお母さんが、「重いわよ」「暑いわよ」と邪険に扱っています。また、低学年の子どもは、お母さんの乳房に触れようとします。すると、お母さんの中には「エッチ」なことと思い誤って叱る人がいますが、子どもにはそのような気持はないのです。お母さんのシンボルに郷愁を抱いているのですから、さわらせてあげてください。

もう一度、「慈母」という言葉を思い出してください。お母さんは、子どもの人格形成にとってかけがえのない存在ともいえましょう。お母さんのそばにいて温かさを感ずると、子どもの心はなごみます。情緒が安定するのです。その点で、鬼母になっていないかどうか、反省してみてください。そして、「慈母」になる努力をしてください。

「思いやりって何？」

「温かい心」ってどんな心？

温かい心とは、どういう心をいうのでしょうか。お母さんに、あなたは温かい心の持ち主ですか――とたずねたら、どのように答えるでしょうか？

温かい心とは、相手の立場に立って考え、相手の気持を汲《く》む心、つまり「思いやり」といえましょう。これは、夫婦の間でもいえること、夫は妻の気持になり、その立場を考え、妻も同じように夫の気持がよく汲めるようであれば、夫婦の間に温かい雰囲気がかもし出され、いたわり合って生活するでしょう。ところが、それを妨げる心の動きがあります。そうした心の動きは、自分本位とも自己中心性とも呼ばれています。

この自己中心性は、年齢が低ければ低いほど強いものです。そうした自己中心性の強い子どもに、だんだんと相手の気持を汲み、相手の立場を考える力を育てていくことが必要です。

例えば、一歳半の子どもの姿を考えてみましょう。この年齢では、探索欲求にもとづく行動、つまり「いたずら」がさかんです。目にふれた新しい物には必ずさわってみようとします。しかし、その扱い方をよく知りませんし、不器用でもありますから、破いたり壊したりして、大人たちを困らせるでしょう。

しかし、怒ってしまっては、子どもの立場に立っていない親の態度になります。探索欲求は、大人でいえば研究心であり、自発性の発達には欠かせない行動ですから、いたずらは大いに認めてあげたいわけです。

しかし、子どもにも大人の立場を考えてもらうよう、気持を汲んでもらうよう

にしなければなりません。そこで、大人にとって大切な物に子どもがさわったときには、

「それは、ママの大事、大事」

と真剣になって言い続けます。子どもは、その言葉の調子（声音）によって、親の気持を理解しますから、手にさわった物でも、それを慎重に扱い、

「大事、大事ね」

と言うでしょう。子どもと二人で「大事、大事」をくり返しながら、最後に、

「返してね」

と手を差し出します。すると、子どもは、

「はい」

と言って返してくれるものです。当然、「ありがとう」という感謝の言葉になります。このようにして、一つ一つ、根気よく、大人にとって大事なもののあることを教えていきますと、子どもには、それにさわらなければ、大人が感謝していることがわかってきます。

これが「しつけ」というものです。しつけというと、うっかりすると、大人の立場や気持だけで、「よいこと・悪いこと」を決めて、悪いことをしたときには叱る

――ということになってしまいがちですが、これこそ「思いやり」のないしつけ方というべきでしょう。つまり、しつけは、子どもの立場(とくに発達心理の上での立場)を汲みながら実現すべきものなのです。

「思いやり」の心はまず親たちの間で

ところが、そうした態度が、家族の間で割れてしまっていては、「思いやり」の心は発達しません。お母さんが、「大事、大事」と言っているのに、お父さんが、「そんな物は貸してやれよ」などと言えば、お母さんの言った言葉を聞かず、自分中心の行動の多い子どもになってしまいます。そのようなお父さんは、お母さんの立場に立って考えることのできない、「思いやり」の少ないお父さんといえましょう。

その意味でも、初めに述べたように、夫婦の間で「思いやり」を育てることに努力しなければなりません。それには、二人でよく話し合うことが大切ですが、わが国の夫婦は、それを落ちついて実現できる時間と場所を持っていません。欧米の家庭では、子どもたちを寝かせたあと、二人でよく話し合うことが、習慣になっています。その際に、相手の立場を考え、気持をよく汲むことができれば、その家庭の雰囲気は温かいものになるのです。

ところが、自分の立場ばかりを主張し、自分の気持を爆発させてしまえば、夫婦げんかになりがちで、そのような夫婦が多くなっているのは、人格が未成熟なまま結婚したからです。それが子どもに及ぶと、ガミガミと叱ってばかりいるお母さんになったり、子どもと遊ぼうとせず、好き勝手なことをしているお父さんになるわけです。

子どもは親の後ろ姿を見て育つ

母親や父親の世間話の中で、他人の批評がでてくることがあります。そのときに、他人を「思いやる」発言の多い場合と、悪口ばかりを言っている場合とでは、子どもの「思いやり」の心の発達がちがってきます。悪口を言うことの多いお母さんには他人に対する「思いやり」の心が欠けていますから、子どもが友だちを見る目も冷たいものとなってしまいます。毎日の生活の中での母親や父親の言動は、子どもの人格にそれとなく影響を与え、それがいつの間にか子どもの人格に強くしみ込んでいくものです。ですから「思いやり」のない子どもがあれば、それは、両親の心の反映とみなければならないでしょう。子どもは親の後ろ姿を見て育つからです。

「思いやり」がない――といって叱ることの多いのは、上の子が下の子をいじめたときでしょう。しかし、これは大変な誤りです。きょうだいげんかは、寄るとさわると始まるもので、下の子をいじめたからといって「思いやり」がないといって責めるのは「思いやり」のない両親のすることです。上の子の下の子に対する「思いやり」の芽ばえは、四、五歳ごろで、その心が増すのが七歳ごろです。もし、上の子に対して叱ることが多いと、弟妹を「思いやる」心が育たないばかりでなく、弟妹を敵視するようになってしまいます。子どものけんかに親が出るな――とは、このことを言い表しています。

一方、「思いやり」のあるように見える子どもの行動にも、にせ物があります。それは、幼児や小学校低学年の子どもが、お母さんの病気の世話をよくする――といった場合です。このような子どもには、友だちがいない――ということに注意しなければなりません。そうした孤独な子どもは、世話をすることによってお母さんに寄り添っていたいのです。この年齢の順調に発達している子どもは、お母さんの病気を「思いやり」ますが、すまなく思いながら友だちと遊ぶことに熱中することを優先します。

このように「思いやり」を中心に温かい心の発達を考えてみますと、長期にわたって少しずつ積み上げられていくことがわかったと思います。それは、お母さん・お父さんにもいえることで、二人の間で「思いやり」の心を育てていく努力を絶えず続けていくことが必要です。そこに、温かい家庭の雰囲気が作られ、子どもの心にも「温かさ」が豊かになっていくものです。

お母さんの心の器を大きくしよう

「愛する」ことは「感じる」こと

本当に愛する——ということは、何なのでしょうか。考えれば考えるほどむずかしいことです。ですから、古くから思想家などが「愛とは何か」について追求してきました。それは、その子どものためには犠牲になってもいいと思う心に通じるのではないでしょうか。他人から強いられた犠牲は悲劇ですが、自分から求めた犠牲は愛に結びつくものです。

愛に関連して、奉仕とか犠牲とかいう古めかしい言葉を引き合いに出しました。この奉仕や犠牲は、決して子どもを過保護に扱うことではありません。「子どもの心になってみる」ということに始まります。これ

お母さんが子どもを叱るときは、
自分の思い通りに子どもを行動させようとしているときではないでしょうか？

を、私どもは「受け容れること（受容）」と呼んでいます。あるいは、子どもの立場に立って考えてみること――といってもよいでしょうが、「考える」こと以上に大切なことは、「感じる」ことです。子どもの感情がわかる――ということです。これを「共感的理解」と呼んでいます。

子どもを受容する心があれば、親にとって気に入らないような状態を示す子どもであってもすぐに叱ったりすることはなくなります。どうして気に入らない状態を示すようになっているのだろうか――と考えます。そういう努力によって、不安になっている子どもの感情が伝わってくるのです。それとともに、「気に入らない」という自分の気持が、意外にも自分本位の狭いものであったかにハッとさせられることが多いのです。そのようにハッと気付くかどうかは、お母さんの人格にかかわっているのですが、その人格を育てる一つの基盤として、子どもの発達について知識をもっているかどうかが問われなければなりません。

例えば、自発性が順調に発達している子どもには二歳から三歳にかけて第一反抗期が現れますし、七、八歳頃には口答えが多くなります。このことを知っていれば、反抗や口答えが現れてくることを、楽しみに待っていることができますし、それが現れてきたときに喜ぶ気持になるでしょう。もし、そのことを知らない母親であると、反抗されたり口答えをされると、「悪い子だ！」と言って叱ったり叩いたりするでしょう。発達を理解している母親と理解していない母親とでは、このように養育態度がちがいますし、養育態度のちがいによって、子どもの人格形成も右か左かに分れていくでしょう。ですから、どのような年齢で、どのように扱いにくい状態が現れるかについては、とくに知っていることが大切です。

すでに述べたように、子どもは、きょうだいにしても友達にしても、けんかをしながらだんだんに仲のよい面を増していくことを知っていれば、けんかを楽しみに見ていることができるでしょうし、そうでなくとも、致し方ないこととしてがまんすることはできるはずです。いたずらもまた、子どもの発達には必要なものだということを知っていれば、いたずらをされて困った状況が起きても、叱り方が全くちがってくるでしょう。

大人になると、とくに母親になると、一日を無事に終えることを期待するようになります。平穏な家庭ということを望むのでしょうが、発達途上にある子どもは、平穏無事を望みません。絶えず変化を求めている——といってもよいでしょう。泥んこになって帰ってくるでしょう。けがをしてかつぎ込まれることもあるでしょう。子どもにかかりやすい伝染病の感染を受けることもあります。変化の激しい子どもは、それだけいきいきとした活動をしているといえるのです。家の中ばかりにいて、長時間にわたってテレビを見ている子どもは、母親にとっては平穏無事な子どもですが、心身ともに自発的な活動が停滞してしまっている〝恐ろしい〟子どもだというべきでしょう。

子どもといっしょに遊ぶことの大切さ

子どもを理解するためのもう一つの基盤は、子どもとともに生活して楽しい場面を作り出すことです。それはむしろ、家庭生活のいろいろな場面で見つかるでしょう。そこには、いきいきとした対話があるものです。母と子のよい対話というのは、話がはずむ――ということです。母親の方からさかんに話しかけても、子どもがうるさがるのは、そこに楽しい雰囲気がないばかりか、母親のあせりや不安が現れているからです。

子どもとともにいて楽しい場面は、第一に、子どもの遊びの場面の中へお母さんが参加することによって作られます。ただし、その場合には、母親としての立場を捨てて、子どもの心になり切る努力が必要です。子どもの心になる――ということはなかなかむずかしいのですが、子どもの行動に対して批判をしたり注意を与えないことが大切であり、はめを外すことが楽しめるようになることです。その点で、お母さんが幼いころに茶目っ気が多かったり、いたずらっ子であったという方は、それを思い出してさえくだされば、子どもと楽しく遊ぶことができるでしょう。子どものころ、優等生であったりまじめであったというお母さんは、それにまつわる誇りを捨てないと、子どもと楽しく遊ぶことはできないでしょう。

われわれは毎夏、小学校一年から四年生の男女六十名前後を連れて、高原で六泊七日の合宿をしていました（現在は行われていません）。三十年以上も続いたのは、私自身が子どもとともに遊ぶことの楽しさを味わうことができたからです。この合宿には、日課もないし、守るべき規則もないのです。子どもがどのように行動しても、それを受容しますから、一切叱ることはありません。いたずらも十分にしますし、格闘もしますし、風呂場も遊び場です。ですから、子どもたちは抑圧されていた心を解放することができますし、それによって自分の中にかくされていた子どもらしさを認識することができるのです。エッチな遊びもしますが、それは決して大人のようなエッチな心から発しているものでないのですから、安心してそれを見ていることができます。

私自身、子どもたちから「ひらめ」というアダ名をつけられましたが、「先生」と呼ばれなくなったことは、子どもの心になって子どもとつき合い、子どもの心をそのままに受け取ることができるようになったという意味で、大へんな収穫でした。ですから、楽しいのです。これが「先生」と呼ばれ、子どもの行動をいつも監視しているような立場に立たされたり、いつも何かに注意をしていなければならない条件の中におかれたのでは、決して子どもの心が伝わって来なかったでしょう。

お母さんにそれを全面的に実現してほしいというのは無理ですが、生活のいろいろな場面で遊びのきっかけを作ることができます。風呂の中で遊ぶということも、その一つでしょう。入浴の目的は、お母さんにとっては清潔と保温ですが、子どもにとってはそうした考え方はなく、「水の遊び」です。その遊びをどのように実現したらよいか、——それぞれの家庭の事情もありましょうが、遊びの許容範囲をひろげることが大切です。

夕飯の支度をしているときに子どもが寄ってきたときにも、「うるさいね」とか「あとで」と言って拒否しないで、「この油の手がつくぞ」とか「ここのところを手伝ってよ」などなど、遊びを展開する工夫によって、そこには明るい雰囲気が作り出されるのです。

すでに述べたように、子どもの遊びは、生活でもあり学習でもあるのです。「さあ、遊びましょう」と遊びを切り離して考えることはできません。一方、仕事をしているときにも遊びが入り込んできます。掃除をしていても片付けをしていても、必ずといってもよいくらいに遊びが入ってきます。お母さんとしては、せっせと掃除や片付けをしてもらいたいと思うでしょうが、それは主婦の心ではあっても、子どもの心ではないのです。

学習についても、子どもは脱線をするでしょう。例えば、一つわからない字があって辞書を引いてみたとき、次々と似たような言葉が出てきて、それに興味を持ったならば、早く答を書き込むことより、それを調べにかかるでしょう。何も、満遍《まんべん》なく宿題を終わらせることが勉強ではないのです。宿題が終わらなかったら、自分で楽しく学習したものを添えて先生に提出さ

あせる必要はありません。急いでやらせようとすると、どうしても手伝ってしまいます。

せてもよいのです。もしそれを叱る先生であれば、本当に勉強する——ということの意味がわかっていない先生ですから、いさぎよく叱られましょう。社会科にしても理科にしても、勉強の途中で「これはなぜだろう」という疑問が生じたときには、それを追求することの方が、本当の意味での勉強になります。そうした子どもをお母さんが楽しく援助できれば、実によい勉強をしたことになります。ただし、お母さんの方が面白くなって調べ上げ、子どもにそれをうつさせるというのでは、かえって母親への依存心を強めてしまいます。「援助」するというのはなかなかむずかしいことですから、その点での工夫をいろいろにしてみてください。

お母さんが外へ出て働くとき

このように、子どもとともに生活していて楽しい雰囲気を作り出すには、お母さんの創造性が必要になります。この創造性とは、毎日の生活に新しい面を作り出す力です。ですから、食事を作り片付けものをしたあと、テレビを見て過ごすような変化のない生活に甘んじているお母さんには、実現されないことです。幸い、子どもとともに生活するということは、子どもからいろいろと教わることができますから、毎日の生活を創造することができるはずです。

実は、家事や子育てをつまらないことのように思っている母親がいるのは、創造性のないことを証明しているようなものです。とくに子どもとともにいる生活は、毎日毎日が創造だといってもよいでしょう。母親にねむっていた創造性が、子どもによって呼びさまされることは、非常にたくさんあります。子どもは発達する存在であり、毎日毎日を形成しているのですから、それを見ているだけでも楽しいし、また、形成へのお手伝いをすることが、お母さんの創造性を高める仕事になるのです。

とくに子どもは次代を背負う存在ですから、次代を作り出す仕事が育児や教育だ――といってもよいほどです。その実感はなかなか湧《わ》かないでしょうが、子どもとともに生活を創造することを考えれば、家事や育児がつまらないなどということにはならないはずです。その結果、子どもはいきいきします。

家庭を創造的に運営する力のない母親は、家庭外に刺激を求めるでしょう。母親が職業につくということには、もちろん、いろいろな意義があり、大切なことですが、もし、家事、とくに子どもとの生活がわずらわしいという気持が少しでもあるならば、非常に重大な問題というべきでしょう。子どもにとっては悲劇です。

子どもを育てるということは、決して安易なことではありません。平穏無事な生活をかき乱し、わずらわしい思いを母親にさせるということが、子どもの発達の本質にはあるわけで、それを避けて通るということは、子どもにとっては悲しいことです。子どもからいろいろと難問をつきつけられながら、それが子どものどのような要求から起きているかを考え、自分なりの扱い方を生み出すことが、子どもの人格を創造的にすることにつながり、母親自身の人格も向上させることになるのです。それによって慈母の姿に近付くのです。

昔の母親は、貧しさに支えられて、慈母の姿を現した面があります。身を粉にし、心を砕いて、朝早くから子どもたちのために働きました。それには悲壮な面があり、そうせざるを得なかったのです。しかし、子どもたちは、その姿に感激したのです。今のように家庭生活が合理化し、家庭の経済が以前よりもはるかに豊かになってきて楽になったときに、うっかりしているとテレビばかりを見ている母親の姿になってしまいます。そこには、怠惰な姿があるのみです。自己を充実させるためにどのようにしたらよいのでしょうか。

外へ出て働くことが自己充実に結びつくものであれば〝生《い》き甲斐《がい》〟にも通ずるでしょうし、それによって金銭を得ることができるでしょうが、次代を担う子どものことを放り出していたのでは、子どもの人格形成にゆがみが生ずる恐れがあります。

近所に工場ができ、次々と近隣の母親がパートタイマーで働き、家庭の経済もそのためによくなっていくのを見て、Aさんも働きに出ました。しかし、それが果して自分の生き甲斐とどういう関係があるのかという点について疑問を持ちました。工場主が儲《もう》けるための援助をしているだけではないか――という考えにもなりましたし、その中で、近所の子どもに問題が起きたのを考えてみると、いかに仕事と子どもの教育との両立がむずかしいか――と考え出しました。それをつきつめてみると、お金をとってくるより

も、子どもとともにいて落ちついた生活をすることや、もっと自分自身が勉強することの方が大切ではないか――という考え方に傾いてきました。たしかに自分の働きでお金が入るということは魅力的ですが、そうした経済問題とはくらべることのできないほど、大切な子どもの教育とそのための自分の勉強があることに気付いたのでした。

生活のためとはいえ、自分の力でお金が入ることは、非常に楽しみなものです。さらに収入を多くしようとするでしょう。そこに、お金が「魔性」を発揮する面があります。お金が優先すると、お金があるかどうかで人間の価値を決めてしまうような考え方になったり、他人の心を温かく迎えることを忘れてしまったりします。それが、エコノミック・アニマルといわれるような人間の姿です。

わが国には、過去の生活が貧しかっただけに、すぐにアニマルな心が膨張してきやすい日本人が多くいます。経済的向上の限度をわきまえなくなります。こうした心のお母さんは、子どもの養育や教育が面倒になります。うるさいことがあると、子どもを叱り飛ばすだけになってしまいます。つまり、いつの間にか利己的な心になり、それが子どもとの関係で生じたときには、自分本位な母親となるのです。

ときには〝愛情〟の自問自答を

子どもを好きでない――という母親がいます。好きでなければ、なぜ子どもを生んだのでしょうか。子どもがいないと淋しいとか、一人ぐらいは作っておこうか――などと身勝手な考え方が出てきます。そのような母親には、子どもとともにいて楽しい――という雰囲気は作られないでしょう。まして、面倒なことが起きると、子どもを生まなければよかった――という気持になるでしょう。この気持は、子どもの存在を否定するものであり、殺児的な考え方です。母親にとって著しく面倒なことが起きると、子どもを殺してしまうかも知れませんし、現実にそのような母親もいるのです。不幸な母親のもとに生まれた子どもたちです。

そのような母親には、全く受容的な心はありませ

スーツもほしいし
バッグもほしいわ
お金がイチバン
・・・・

お母さんは自分自身のことを考えてみたときに、よい親といえるでしょうか。

ん。夫に対しても受容的でないでしょうから、離婚の危険性をはらんでいます。

愛情から出発した母性に対する考え方も、愛情がはっきりと客観的に測定できない今日、どの母親にどれくらいの愛情があるかを言うことはできません。それは、母親自身の心のうちにありますから、絶えず問いただしていなければならないでしょう。子どもの気持になってみて、それを受容できるような母親になるように、努力することから始めなければならないのです。そのためには、自分の中にある利己的な心を追求し、それを整理しながら取り除くことです。そうして慈しみのある母親になってくれることを、子どもは期待しているのです。

そのような母親は、子どもに「○○をさせる」ということはしません。母親の考えた教育を子どもにおしつけようとはしないでしょう。自分の思い通りに子どもを勉強させようとすれば、また、自分の思い通りの姿に子どもを作り上げようとすれば、鬼母になってしまいます。それは、子ども自身で発達する力があり、自発的に自分の行動を考え出す力のあるのが子どもであるからです。それを援助するのが、お母さんの役割であり、思い通りに子どもを引きずり回すことではないのです。

慈母とはどういう母親か——もう一度考えてみてください。

草花の栽培やペットの飼育で育てる「思いやり」

「ダメ」と言う前にまず飼わせてみよう

草花の栽培や小動物の飼育は、子どもに「思いやり」の心を育てるには、大切な営みです。第一に、枯らしたり殺したりしないようにしなければなりません。それにはどうしたらよいかを考えるでしょうし、毎日毎日、怠けずに仕事をすることが必要になります。

ことに動物には、小鳥にせよ、犬や猫にせよ、餌《えさ》を与えなければなりません。お腹をすかせてはかわいそうです。また、寒い思いをさせてもかわいそうです。お腹がすいていないか、寒い思いをしていないか、さらには、淋しくないか——など、動物の気持を「思いやる」ことは、「思いやり」の心を育てているわけです。ですから、栽培や飼育の体験を与えたいのです。

ところが、お母さんやお父さんの中には、動物嫌いの人があります。それをあからさまに口に出して、子どもが、小動物を飼いたいと言い出しても、頭ごなしに禁止してしまう人がいます。自分の好き嫌いを優先させて、子どもの気持を汲んであげることのできない両親です。子どもの気持を汲むならば、まず、自分がどうして動物嫌いなのかについて考えてみる必要があります。

第一に、動物に対する「思いやり」がないのではないか、そうしたことを、お母さんの両親やお父さんの両親から植えつけられたのではないか、小さいときに動物に対して悪い印象を持ったのではないか、そのために動物を可愛く思う心が育っていないのではないか——などなど。

そして、もし、過去に悪い印象を与えられていたならば、それをぬぐい去る努力をしてみてはどうでしょう。それには、子どもに飼育させてみることです。

動物を飼うのはよいが、子どもが世話するのは初めのうちだけで、だんだんに世話をしなくなり、結局は私の仕事がふえるだけだ——というお母さんは多いと思います。この問題を解決するにはどうしたらよいでしょうか。

それには、腹を決めることが必要です。一切、手伝いをしないという決意です。

例えば、餌を与えないような日が続いても、お母さんが手を貸さないようにするのです。それが、見ていられなくなる——というところに、問題があるのです。そこで、動物がどんなにかわいそうな思いをしているか——ということを、子どもが学校から帰ってきたときに報告をするのです。それも、動物の様子をくわしく伝えることが必要です。

ところが、お母さんの中には、自分で世話をしてしまって、あとでぶつぶつと言うお母さんが多いのです。「空腹の動物を見ていられない――その「思いやり」の気持はよくわかります。動物にはかわいそうですが、子どもに「思いやり」の心を育てるには、一時は、心を鬼にすることが大切になるのです。

死の体験も子どもには必要

動物が病気になったり、死なせるようなことになったらどうしよう――と考えるお母さんもあるでしょう。このことに対しても、世話をしなければそういうことになることを、子どもに体験させよう――という決意が必要になります。

お母さんは一切手伝いをしないと伝えることも必要です。

心のやさしいお母さんにとっては、耐えがたいことかも知れませんが、それに耐えることが、子どもに「思いやり」の体験をさせることになるのです。子どもには、何よりも、体験が必要で、いくら口を酸っぱくして言っても、体験とは比較にならないことを考えてほしいのです。

いっしょうけんめいに世話をしていても、小鳥などが死んでしまうことがあります。「動物を飼うのはいいが、病気したり、死んだりするからいやだ」と言う両親もありますが、死というものを子どもに体験させることの必要性も考えてみてください。

生きているものは、必ず死ぬのです。これは、生きているものの定めです。そうした定めを子どもに教えることを考えるならば、動物の死も、子どもに体験させる機会があってもよいと思います。動物が死んだならば、どのようにとむらうかを教えましょう。お墓を作って、花を捧げることは、子どもに「思いやり」の心を育てるとともに、死の尊厳を教えることにもなるのです。

このようにして、子どもには、生活の中で起きるさまざまな現象について、広く体験させること、その体験を生かすことが、「思いやり」の芽ばえをつちかうことになっていることを、よく考えてみてください。

その意味で、草花の栽培や動物の飼育の好きな両親には、何となく「温かさ」があります。しかも、世話をした甲斐があって、花が咲き、それを眺めることも、情操を高めることになりますし、動物がよくなつくことも、一家を明るくすることに通じます。

家庭で栽培や飼育ができないときには、食べ残したご飯粒やパン屑《くず》をとっておいて、鳩《はと》やあひるのいるところへいってまいてあげることも、「思いやり」を育てる一つの工夫です。

音楽や絵の勉強は必要だろうか

習いごとの強制は情操をゆがめるだけ

子どもの情操を高めるために、と願って、音楽や絵を習わせることを考える両親が多いと思います。子どもに、音楽や絵を楽しむ心が育てば、それだけ心豊かな生活を送ることができるでしょう。

しかし、音楽や絵などを習わせれば、必ず情操が高まるものでしょうか。その点をよくよく考えてみなければなりません。お母さんやお父さんの中に、幼いころにバイオリンやピアノの教室に通った方もあるでしょう。あるいは、絵の塾に通った方があると思います。それを思い出しながら、本当に情操が高まったかどうかについて、検討してみましょう。

バイオリン教室に通い、帰ってからもお母さんからレッスンを強制されて、泣き泣き練習したという思い出をもっている両親が少なくないと思います。その結果、お母さんをうらむ気持になった人もいるでしょう。人をうらむような気持を起こさせるようなレッスンは、かえって情操の発達にゆがみを与えることになってしまいます。

また、お母さんの強制に負けて、それに従ったという人もいるでしょう。これでは、自発性の発達がおさえられてしまうことになります。そのような観点から、レッスンを受けたことのある両親は、自分の子どもに音楽教室へ通わせることがよいかどうかを考えてみてほしいのです。

幼いころに音楽教室などへいかなかった両親は、中学生や高校生のいる知り合いの家庭で、幼いころにピアノやオルガンを習わせていたようなことがあれば、今、それらの楽器がどのように使われているか、確かめてみましょう。

多くの家庭では、それらの楽器が埃《ほこり》にまみれているのではないでしょうか。ピアノなどは部屋のスペースをとるので、邪魔もの扱いにされているようなことは

お母さんに強制されて覚えたことは、小学校低学年くらいまでは効果があるかもしれませんが、だんだんに意欲を失っていきます。

ないでしょうか。さらに、その家庭の子どもの情操が豊かかどうかについても検討してみる必要があります。それらについて検討した上で、自分の子どもに音楽を習わせるかどうかを決めることにしましょう。

旧西ドイツの幼稚園はピアノを全廃

近頃の風潮として、音楽にしても絵にしても、幼いころからやらせることがよいようにいわれることがあります。しかし、そのことについてはいろいろな角度から検討してみなければなりません。とくに、それは幼児に対する音楽教育についていえるのです。

音楽に伝統を持つオーストリアや旧西ドイツの幼稚園で、ピアノを全廃したのをご存じでしょうか。幼児たちにピアノをきかせて教育することはほとんどないのです。もちろん、ピアノをおいてある幼稚園は、ごく少数です。

それはなぜでしょうか。幼児教育の専門家たちが、いろいろと検討した結果、そうなったのです。第一に、部屋のスペースをとることや移動ができないということがありますし、子どもの姿を見ながら先生が弾くことができにくいということもあります。それ以上に子どもが自分で歌う声が、自分の耳に入ってくることが、幼児の音楽教育として大切であるという結論が出たからです。そこで、先生にとって勉強しやすいギターと竪笛《たてぶえ》を主に使っています。これならば、晴れた日などに園庭に子どもたちを連れ出して、みんなで歌うことができるからです。

つまり、幼児期の子どもたちにとって、どのように音楽教育をすればよいかについて、もう一度考え直してみてほしいということから、以上のようなことを述べたわけです。

というのも、近所の子どもが習い始めたから――とか、お母さんの友だちに誘われたから、といった具合に、お母さん自身が自分の考えを持たず、十分に研究もしないで、何となしに音楽教室へ通わせている例が余りにも多く、その被害を受けている子どもたちがいるからです。

子どもの教育には、どのようなものにせよ、お母さんとお父さんとでよく研究し合って、自分なりの考えを固めた上で実行しなければ、子どもをかわいそうな目にあわせることになるのです。そうしたかわいそうな目にあっているかどうかは、すぐにはわかりません。それがはっきりするのは、中学生や高校生になってからです。

子どもがその年齢になって、小さいときに音楽教室なんかに通わせたのは、何にもならなかった——ということであれば、子どもには時間の浪費をさせたことになりますし、さらには十分に遊ぶ時間を奪っていたことにもなり、それが人格形成にも影響しているはずです。

もう一つの問題は、幼児を対象とした音楽教室の先生が、子どもの心理について十分に理解していないことをあげることができます。子どもの心を理解するために、第一に、児童心理学の勉強をしておくことも必要ですが、それ以上に、目の前の子どもの情緒が伝わってくることが極めて大切です。これを、共感的理解と呼んでいます。

子どもに共感できなくては、本当の教育はできませんし、レッスンを強制することになってしまいます。そのような先生が少なくないのです。これでは、情操を高めるどころか、かえって情緒の不安を起こさせてしまうでしょう。

絵画教室の上手な選び方

その点で、絵の教育は、終戦後、大きな改革が行われました。子どもが形式的な絵を描くことを排除して、絵を描くことの楽しさを味わわせ、それによって心を解放することを目ざしました。そこで、子どものぬたくりを大切にしましたし、自由にのびのびと描いた絵を大切にしました。

こうした指導によって、子どもの心が解放されたという例は少なくないのです。つまり、幼児の心理に触れて指導す

ることが行われました。その指導に当った先生自身も、幼児の心理をかなりよく理解できるようになったのです。少なくとも、子どもを強制することによって、心を抑圧することはしないですむようになったのです。

しかし、三十年前ぐらいから、幼児画の指導にも別の流れがでてきました。対象をよく観察させて、写実的に描かせようというのです。指導性が強まったといえましょう。指導性が強まると、子どもの自由な発想を抑圧する恐れがあるわけです。

このようなお話をしたのは、絵画教室の先生の教え方が、どのような流れを汲んでいるかについて、よく研究した上で、選択してほしいということを強調したかったからです。そして、子どもをのびのびと育てたいならば、そのような援助をしている教室を選ぶのがよく、きちっとした指導をしてほしいと望むならば、そのような教室を選ぶべきでしょう。

自分の子どもの教育のことですから、いい加減な選び方だけはしないようにしたいものです。その際にも、情操を伸ばすという基本的な考え方をきちっと持っていてほしいと思います。

第2章

理想の子どもは「一人でできる子」

「悪い子」と怒ってしまう前に
「いたずら」は自発性の出発点

【一～三歳のいたずら時代】
好奇心は十分に伸ばそう

はいはいなど、からだの移動の始まるころから、いたずらが始まります。行った先々で、いろいろないたずらを始めるでしょう。

 屑籠《くずかご》をひっくり返して、その中のものをいじりまわしたり、鏡台にとりついて、鏡にクリームをぬりつけたり、頬《ほお》を口紅でそめたり、障子に穴をあけたり、襖《ふすま》にマジックでいたずら描きをしたり、目を離していると、何をしているかわかりません。

お母さんやお父さんがうける被害も少なくないのです。それだからこそ「いたずら（悪戯）」といってとめたくもなるのですが、子どもの立場に立っていうならば、児童心理学ですでにいわれているように、探索欲求にもとづく行動です。

探索欲求というのは、大人でいえば研究心ということになります。

子どもにとっては、見るものがすべて目新しいので、好奇心を燃やします。それがどのようなものか、どうなっているか、手にふれてみるでしょう。それが食べられるかどうか、口にいれてためしてみるでしょう。こうした好奇心や探索欲求を、まず十分に、伸ばすことを考える必要があります。

そこで、子どものいたずらをどこまで許容するかについて、お母さんとお父さんとで十分に話し合うことが必要です。もちろん、危険なものは、子どもの手の届かないところに管理することとは絶対に必要です。

しかし、何が危険かについて話し合ってみますと、お母さんとお父さんとで意見がちがってくるでしょう。そのときには、許容の範囲の広い方を選ぶべきですし、目がどのくらい届くかも関係してきます。

このようにして両親が話し合うことが、子どもの教育にとって極めて大切であることは、これまでもいくたびか述べてきたところです。

小さなけがはいきいき生活の証《あかし》

危険を伴うようないたずらでも、目を離さずにそれを見ていることができれば、範囲をひろげることができます。いざというときに、けがを防止するために手を差し伸べることができるからです。

さらに、小さなけがは、むしろ、することの方が当然だ——という腹を決めることも必要でしょう。けがをすることによって、次の行動が慎重になるからです。それが、大きなけがの予防にも役立つのです。とくに行動のさかんな子どもは、それだけに小さなけがも多くなります。

小さなけがをたくさんする子どもは、活動のさかんな子どもであり、活動がさかんだということは、それだけいきいきとした生活を送っているということになります。私が「けがのすすめ」を主張しているのは、以上の理由があるからです。

探索欲求にもとづいて次々といたずらをしている子どもは、経験の内容も豊かになります。経験内容が豊かになるということは、それだけ行動選択の範囲がひろがり、ものを考える力が育つとともに、よい選択もできる可能性が大きくなるのです。そこで、いたずらの範囲はできるだけひろげてあげたいのです。

いたずらのできない子は「よい子」ではない

その点で、子どもの心よりも物の方を大切にしている家族がいると、どうしてもいたずらに圧力を加えることになります。そのような家族としては、お年寄りを第一にあげることができます。

年を取ってくると、きちんと整った部屋で、静かに余生を楽しみたくなります。幼い子どもにがちゃがちゃとかき回されることをいやがります。それに「気がね」をしたお母さんは、ちょっとした子どものいたずらでも許容できなくなって、叱ってしまいます。そして、子どもがおとなしくしていると、ほめるようになってしまいます。

だれでも、ほめられるのはうれしいものです。そこで、いたずらをしたい気持があっても、それをおさえてしまいます。そのうちに、いたずらのできない子どもになってしまいます。

おとなしくて大人の言うことはよく聞く——ということになりますと、大人にとっては扱いやすい子どもなので、ますますほめることが多くなります。それが、誤った子どもの見方から生じた「よい子」です。

いたずらから意欲が芽ばえる

子どもの心よりも物の方を大切にする両親もいます。それは、高価なマンションに住むこと、家具などのセットが豪華であったりすることなどをあげることができます。私は、幼い子どもを育てているときには、むしろ小さい、おんぼろの家の方が自発性の発達を抑圧しないですむと思います。

どうしても家の中で、子どものいたずらを許容できないような状況にあるときには、戸外へ連れ出すことを多くして、そこで十分にいたずらのできる機会を与えたいのです。それを面倒がると、子どもの自発性の発達は望めません。

どうしてもいたずらのできる子どもにしたいのです。そして、おとなしくて言うことをよく聞く子どもには絶対にしないでください。これが、「いたずらのすすめ」です。

いたずらを大切にしているお母さんやお父さんは、子どもがいたずらをしている姿を見ながら、その中に意欲が現れ、創造性の芽ばえが現れていることに感動するでしょう。それを楽しむことができる両親は、子どものいたずらを認めることになりますから、自発性の発達は軌道にのったといえましょう。

子どもは両親の望むような世話の焼けない
「よい子」の姿で成長しないということです。

【二〜四歳の第一反抗期】

反抗は自発性の現れ

二歳から四歳の間に、第一反抗期が現れることを知っているでしょうか。これは、すでに児童心理学の研究で認められていることなのです。

つまり、反抗を始める子どもが自発性の発達している「よい子」です。何かにつけて、「いや!」と言い始めます。とくにお母さんやお父さんから命ぜられたことに対して「いや!」を連発します。

このことを知っていれば、子どもから「いや!」という言葉が発せられても、「始まったな」とニコニコしていられます。このことを知らない両親は「悪い子」として怒ってしまうでしょうし、お尻《しり》を叩く親があるかも知れません。かわいそうな子というよりほかはなく、それに屈しますと、自発性の発達はとまり、おとなしいけれども意欲のない子どもになってしまいます。

そして、それがあとで勉強に対する構えとなって現れ、意欲的に学習に取り組めない子どもになるわけです。そのときに、また、両親に叱られることになるのですから、全くかなわない――といえましょう。

「自分でする！」は挑戦への意欲

「いや！」という言葉とともに、何かにつけて「自分でする！」と言い張ります。新しいこと、困難なことに挑戦する心が現れてきていることを思うならば、「とにかくやってみてごらん」という気持で、経過を見守ることができます。

それは、着物を着たり、ボタンをはめたりすることに現れますし、靴《くつ》をはくことなど、日常生活の随所に現れてきます。心にゆとりを持ち、時間をかけて見守っているうちに、意外にも成功することがあります。

そのときには、子どもは成功感を十分に味わうことができ、自信が強くなり、さらにむずかしいことに挑戦しようという意欲が高まります。しかし、とうとううまくいかなかった――ということも少なくないでしょう。そのときには、「この次にはがんばろうね」と励ましを与えます。こうした励ましの言葉によって、子どもは挑戦への意欲を持ち続けることができるのです。

ところが、両親の中には、子どもが「自分でやる！」と言い出すと、それをわがままであるとか、強情であると思ってしまう人々もいます。大きな誤解をしているわけです。

そして、「悪い子」とか「親の言うことを聞かない子」として怒るようになってしまいます。

自分の主張をもたない「よい子」

このようにして親に怒られる経験を重ねていきますと、自発性のある子どもは本当に強情な子になってしまいますし、親に強く怒られておとなしい子どもにされると、自発性の発達はとまってしまいます。

とくに、一～三歳のころに「いたずら」をすることのできなかった子どもは、「自分でやる！」と言い張ることができずに反抗期が現れなかったり、「自分でやる！」と言い出しても、親に怒られると、すぐに自分の主張を引っ込めて、親の言うことを聞くようになってしまいます。

自発性の発達過程について勉強していない両親から見ると「よい子」のように見えますが、危険な子どもといわなければなりません。

そのような子どもは、四歳以後において、すでに危険な徴候を現します。それは、お友だちとよく遊ぶことができないことです。

難しいことかも知れませんが、「いたずら」や「反抗」の裏にある自発性への欲求を十分に満足させてあげることのできるお母さんになってほしいのです。

【四〜六歳の友人形成期】

けんかは見ていればよい

四〜六歳は、お友だちと遊ぶことを楽しむ年齢で、友人形成期と呼んでいます。近所に同じ年ごろの子どもがいれば、朝食をすませるとすぐに「一郎ちゃーん」と呼びにいくでしょう。幼稚園に通い始めた子どもも、だんだん園生活に慣れて、張り切って通園するようになります。しかも、自発性の発達にもとづく自己主張をしますから、同じように自発性の発達している子どもとは、よく衝突するでしょう。けんかが始まるわけです。しかし、けんかをしても、すぐに仲直りをして遊ぶでしょう。これが、子どものけんかの特徴です。大人のけんかとは全く趣きを異にしているわけです。

子どもは、けんかをしながらも、一方では仲よく遊ぶことができるのです。そうしたけんかを通して、相手にも相手の立場があることを知り、自己主張をうまくしなければならないことを学習していくのです。こうして、本当の意味での社会性の発達が促され、「思いやり」の心が芽ばえてくるのです。

ですから、けんかをする子どもを「悪い子」などと評価することは大きな誤りです。子どものけんかに、大人があれこれと口を出したり、とめに入るのも誤りです。けんかのなりゆきをじっと見ていてごらんなさい。ついには取っ組み合いが始まるでしょう。そしてそれに負けた方が泣き出すでしょう。それでもじっと見ていればよいのです。

手を貸すとすれば、からだに大きな危害が及びそうになったときだけです。掻《か》き傷《きず》やすり傷ぐらいならば、それを体験させるべきです。そして、二人の仲がどのように発達していくかを見ていてごらんなさい。仲よく遊ぶ日があったり、それが次第に長くもなっていくでしょう。昔から、子どものけんかに親が出るな——といわれてきたのは、まさに名言といえるのです。

弱い方の味方は考えもの

ところが、お母さんやお父さんの中には、子ども同士のけんかに口を出したり、それをとめにかかったりする人が少なくありません。とくに、けんかの弱い方の味方になることが多いものです。そこで、「弱い者をいじめてはいけません！」と言って、強い方の子どもを怒ることになるでしょう。そうした怒り方は、強い方の子どもには大きな不満を残します。

親から「あやまりなさい！」と言われても、なかなかあやまろうとはしないでしょう。それは、親の扱い方が、子どもには納得できないからです。そうなると、親は「強情だ！」と言って、また、怒ってしまうでしょう。

親に怒られて、「ごめんなさい」と言うことはあっても、その言葉の響きには、本当にあやまる気持が含まれてはいません。仕方なくあやまっているにすぎないのです。その原因は、子どものけんかに親が口を出したことにあるのですから、そもそも親が誤った扱い方をしていることが原因なのです。

過保護が子どもを引っ込み思案にする

子どものけんかに対して、その原因をただし、どっちが正しいかをはっきりさせようとして、裁く親がいます。裁判官になったつもりでしょうが、親が裁判をするときには、決して公平にはいきません。

子どもは自分は悪くないと自己主張をするでしょうし、親にも目の前の行動しか映らないからです。

しかも、子どものけんかの原因は、ちょっと手がさわっただの、いやなことを相手がしただの、全くたわいのないことから始まるわけですから、裁きようがないのです。それを裁こうとするのですから、もし、どっちがよいの悪いの——と決めつけるようなことがあれば、子どもたちの心には傷を残してしまいます。

とくに「悪者」にされた子どもの心の傷は大きく、だんだんに復讐《ふくしゅう》する気持が強くなってくるでしょう。

強い子が怒られますと、弱い子は、親の力の下に保護されることになります。その結果、自分で友だちに立ち向かっていく意欲が育ちません。ですから、ますます弱い子どもになってしまいます。すっかり弱い子にされてしまいます。けんかに負けては泣いて帰ってくる子どもに向かって、「いって、やっつけてこい！」などと励ましても、一朝一夕にそのような子どもに変

いつも素直な子が「よい子」ではありません。反抗期が現れる子が「よい子」なのです。

わることはできないものです。だんだんに引っ込み思案になってしまいます。引っ込み思案の大きな原因は、親から過保護を受けたことにあるのです。子どものけんかには親が出るな――ということは、くり返しくり返し叫ばなければなりません。

自発性の発達を妨げる過剰サービス

四歳になっても、友だちとの遊びを楽しまない子どもがいます。その原因は、大きく分けて、二つあります。

一つは、自発性の発達が遅れていることにあります。自発性の発達の遅れは、大きく分けると二つの原因があります。その一つは、それまでの家庭生活の中で過保護を受けていたことです。過保護というのは、大人のサービスがよく、子ども自身には、それをする能力があるのに、手を貸してしまう扱い方です。洋服を着るにも、靴をはくにも、顔を洗うにも、親たちが手を貸してしまっているのです。とくに、きちっと洋服を着せよう、きれいに顔を洗わせよう――といった完全主義の親の場合、子どもに「まかせておく」ことができずに、つい手を貸してしまうことが多くなります。

その結果、子どもは、自分で経験する量が少なくなり、自信が育ちません。自信は、自分であれこれと経験しているうちに、じょうずにやれたという経験によって育つものです。

過保護を受けて、自発性の発達の遅れてしまっている子どもは、幼稚園で一人にされると不安が強くなります。それがつらいために、幼稚園をいやがるようになります。家にいれば、サービスをしてくれる人がいるから、その方が楽です。また、園にいても、先生の手足にくっついて、離れようとしないでしょう。その点は、先生がうまく指導してくれるはずですから、毎日休まずに通園することが大切になります。

それと同時に、家庭においても、過保護に扱ってきた部分を、少しずつ改めて、不完全でもよいから、子どもに「まかせること」、つまり、手を貸さないでじっと見ている態度を、お母さん自身が確立するように努力しなければなりません。

その点で、お年寄りがいる場合には、しばしば困難が生じますが、通園を続け、先生との協力がうまくいきますと、子ども自身がお年寄りの手をふり切るようになります。つまり、自発性が育ってきたわけで、それとともに、お友だちともよく遊ぶことができるようになり、しかも、けんかを始めるでしょう。

外面的な「すなおな子」は危ない

もう一つの自発性の発達の遅れは、おとなしくて、親の言うことをよく聞いてきた子どもの場合です。

いたずらをしたり、暴れたり、けんかをしたりすることは「悪い子」のすることだ――という価値観が植えつけられていますから、元気のよいいきいきと遊んでいる子どもたちにはなじめません。お友だちの遊んでいるのをじっと見ていたり、それもしないでうろうろしていることになってしまいます。とくに、自発性の発達を援助することに重点をおいている園、つまり、先生からの指示の少ない保育をしている園では、うろうろしている姿が目立ちます。

こうした自発性の発達の遅れている子どもの生活史を点検してみますと、いたずらが少なく、反抗期もはっきりと現れていないのが特徴です。とくに、親の言うことを守ってきたにせの「よい子」の場合にそのことがいえます。そこで、にせものを取り除き、子どもらしくいきいきと活動できる子どもに変えなければ、かわいそうです。

ところが、今の幼稚園の多くが、先生の言うことに従う子どもを望んでいます。そのような園の教育目標には、「すなおな子」とか「けんかをしない子」などがかかげられています。もちろん、すなお——ということは必要です。しかし、それが外面的であれば、にせものです。内面的なすなおは、自分の心に忠実であるということです。

子どもの心には、いたずらをしたい、自分の思ったことは言いたいという欲求があるのです。その欲求に従って行動することが、本当の意味での（内面的な）すなおです。このことをよく知っていないと、カッコばかりの「よい子」に目がくらんでしまいます。

幼稚園の先生から「よい子」と評価されている子どもの中には、そうした子どもが少なくないのです。親たちの中にもまた、外面的な「すなおな子」を望んでいる者が多いので、子どもはにせの「よい子」のまま園生活を送ることになり、自発性の発達はとまったままになっているのです。

友だち作りを最重点に子育てを

小学校でも、先生の中には、にせものが好きな人が少なくありません。カッコよく先生の言うことに従い、しかも学業成績がよいと、「申し分のないお子さんです」などと言われている子どもがいます。このような子どもが、思春期以後になって、どんなに苦しんでいることか。登校拒否やノイローゼなどで苦しんでいる子どもの多くが、幼稚園や小学校のときに、先生からのほめられ者であったのです。

とにかく、四〜六歳で、友だちとよく遊び、しかも、いっしょにいたずらをしたり、けんかをしたりすることのできる子どもにすることが大切です。この時期に友だちを作る力が育っていないと、その後においては、なかなか育ちにくいものなのです。そして、孤独になった子どもは、思春期以後になって大きな危機に見舞われます。

四歳から六歳までは、友だち作りを最重点において、子どもを育てましょう。それには、遊びを大切にすることです。

【七〜九歳のギャングエイジ】

親や先生がうそつきの子を作る

七〜九歳になると、友だちとの関係は、頂点に達します。友だちと徒党を組んで遊ぶ姿になれば、自発性の発達は順調に営まれていることになります。それゆえに、児童心理学では、ギャングエイジと呼んでいるのです。

二人あるいはそれ以上の子どもたちが仲よくなり、秘密を作って守り合う状態が生じます。その秘密の内容は、いたずらであったり冒険であったりしますが、それを親や先生に内緒にすることを誓い合うわけです。もちろん、それはじきにバレるわけで、そうなると「うそつき」ということになりますが、いたずらや冒険を許してくれるような親や教師にはうそをつかないものです。

これは、私どもが毎年実施していた小学生を対象とした合宿ではっきりしています。その合宿は、子どもたちのいたずらや冒険を歓迎し、われわれ大人たちもそれを子どもたちといっしょになってしたので、子どもたちはいたずらや冒険をさかんにしました。ですから、まじめですなおな子は、親や先生が作った「うそつき」の子どもといってもよいでしょう。いたずらや冒険をしたいという子どもの欲求に圧力を加えているのです。

親や先生に対して秘密にし、それを守り合おうという子ども同士の誓いは、友だちとの関係を深める意味で、非常に大切です。本当の意味での友情の芽ばえがこのときに作られます。それが花を咲かせるのが思春期以後です。

思春期以後において孤独になる子どもには、このギャングエイジがなかったのです。中には、いたずらをしないまじめな子ども、きちっとしている子どもとしてほめられていた子どももいます。こうしたくそまじめな子どもとはつき合いにくいので、子どもらしい子どもたちは、そうした子どもを仲間に入れようとはしないでしょう。

お友だちとよく遊ぶことのできる子どもにするためには、くそまじめやきちっとしている姿をくずしてあげなければなりません。くそまじめは、完全主義の親や先生から、外面的な「わく」をはめ込まれてしまっている子どもであり、それがにせものであることに気づいていないのです。

口答えを喜ぼう

ちょうどこの七～九歳には、もう一つの現象が現れます。それは「口答え」です。親が訓戒をしようものなら、いろいろな理屈をつけて立ち向かってくるでしょう。ああいえば、こういう――という状態が現れます。それはなぜでしょう。

一つには、子どもが自分なりの意見を持ち始めたことによるのです。自発性の発達とともに、言語的思考の能力も発達したからです。言語的思考というのは、自分の考え方を言葉で表現する力です。この点を考えるならば、そして、発達について勉強してさえいれば、口答えが現れることを喜んでよいはずです。それゆえに、私は、この現象が現れる時期を「中間反抗期」と名づけました。

しかし、子どもの発達について勉強の足りないお母さんやお父さんは、子どもが自分の意見を言っただけで、「口答えをするな……」と怒ってしまいます。

なぜ怒るのか、もう一つの理由は、封建時代にいわれた言葉――つまり、親の言うことには、何でも「ハイ」と言って従いなさいという言葉が頭にこびりついているのです。ですから、子どもから「ハイ」と言われないと、「悪い子」のように思えて、腹が立ってくるのです。

民主的な教育の中では、自分の意見をはっきりと言うことを大切にしています。意見をはっきりと言わせた上で、それがまちがっていれば、正しい考え方を教えるのが親や先生の役割になっています。まちがった考え方をそのままにしておいてはよくないからです。しかし、どの考え方が正しく、どの考え方がまちがっているかという点になると、そこには議論の必要が生じます。その点で議論ができるということが、人間の社会を発展させるにはどうしても必要なことです。

ところが、封建時代には、それでは秩序が保てず、上からの命令に従わせようとしました。家庭でも、家父長の言うことに服従することによって、家庭の秩序を保っていたのです。それが、親の言うことは何でも「ハイ」と言って聞け――という言葉となって現れたのです。

この言葉を子どもに言って聞かせているお母さんやお父さんは、民主的なものの考え方のできていない人といえましょう。

七～九歳になって、もし、自分の意見をはっきり言うことのできない子どもがいれば、自発性が遅れていることを疑い、生活史を点検してみて、それがはっきりしたならば、時間をかけて自発性の発達を促す方法をとらなければなりません。それは、子どもに「まかせる」ということに尽きます。

口を出したり、手を貸したりすることを全面的にやめて、いったん子どもを「自由」にしてあげることが大切です。そのことについては、あとでくわしく述べます。

幼稚園選びが自発性の成否を決める

自発性の発達について、もう一度くり返していうならば、一～三歳のいたずら時代、二～四歳の第一反抗期が必要ですし、四～六歳の友人形成期に次いで、七～九歳のギャングエイジおよび中間反抗期を経過することが必要です。そして、思春期に入って第二反抗期を経過するうちに、精神的離乳が実現され、独立した社会人としての人格が与えられるのです。その目標は、義務教育を終わる年齢、昔は「元服」

する時期とされていた十五歳におくべきでしょう。

ところが、最近は、自発性の発達の遅れている青少年が多くなってきています。それが極端な形となって現れたものが、登校拒否ですし、ノイローゼや心身症にもそのことがいえます。自殺をする中・高生にも、そのことが考えられるのです。

それらの問題を起こした子どもの生活史をくわしく調べてみますと、大人の言うことをよく聞き、おとなしく、きちっとしていて、勉強もよくできる子どもであったことが多いのです。つまり、自発性の発達は抑圧されていたわけです。そのような子どもは、お友だちができにくかったり、お友だちがいるように見えても、同じように自発性の遅れている子どもとちんまりと遊んでいるにすぎません。ですから「けんか」をしません。けんかをしないと「よい子」のように見えますが、実は、自己主張ができないのです。

そのような子どもは、いたずらも冒険もしようとはしないでしょう。あるいは、友だちの家に遠征することもしないでしょう。本当の意味での友人形成はできていないのです。孤独という言葉があてはまります。

孤独になることも思考を深めるのに大切ですが、友だちがほしいときによい友だちがあることが、思春期以後の子どもにも、大人にさえ、必要です。そのような友だちを作る力は、四歳から六歳にかけて作られます。

最近は、近所に同じ年ごろの子どもがいないことが多いので、どうしても幼稚園に入れる必要がありますが、その幼稚園が自発性を育てることに関心がなく、知的能力を育てる面に熱心であるときには、子どもたちの自発性は伸びていきません。

そして、その悪い結果が、思春期以後になって現れてくるのです。

ですから、自発性を伸ばすことに熱意を示す幼稚園を選ぶことをおすすめします。

子どもらしい子どもは、反抗をしたり、不潔なことをしたり、友人としばしばけんかしたり……などの面を繰り返しながら成長していくものです。

子どもの発達と行動を見ながら

稽古事は子どもの生活のアクセント

「わがまま」を育てないように

稽古事には、いろいろなものがあります。バイオリン、ピアノ、オルガンなどの西洋音楽もあり、バレエや舞踊もあります。琴や三味線などの日本音楽の稽古事もありましょう。そのほか、絵画教室、スポーツ教室、珠算や習字の教室など、実にたくさんのものがあります。

子どもたちも、友だちからその話を聞いて、「お稽古に行きたい」と言い出すでしょう。母親も、何か身につけさせるものがあれば——と、稽古事に通わせる気持にもなるでしょう。中には、学校の教科との関係で、体育・絵画・習字などの稽古事をさせる人もあるでしょう。また近所の子どもが始めたから——というだけの根拠で稽古事をさせる人があるかも知れません。

中には三つも四つも稽古事をさせている両親があります。D君の例もそうでした。D君が私の前に現れたのは、全く別の理由でしたが、結局は稽古事が余りにも多いのに気がついたのです。D君の一週間のスケジュールは、稽古事で詰まっていました。「いつ遊ぶの？」と聞いてみますと、「木曜日の午後かな」などと事もなげに答えたのでした。母親にその理由を聞きますと、「私は決して、子どもに無理をさせた覚えはありません。子どもがやりたいと言うものですから……」と言い、いわゆる教育ママではないことを強調しました。

しかし、問題は、「子どもが

D君の場合、お稽古事で一週間のスケジュールはいっぱいでした。

やりたいというものですから」という点にあったのです。子どもがやりたいと言えば、何でもやらせてよいのか――ということに気付いていなかったのです。子どもの要求にのみ応じてそれを満たすことは、結局は自分本位の子どもにしてしまうことに気付いていなかったのです。

その子どもは、知能も高く小器用であったことが、親たちに誤った判断をさせてしまいました。稽古事に行った先々の先生が、「見込みのある子だ」と言ってくださったので、両親は喜びました。実は、それが、商業主義からの発言だったことには気付いていなかったのです。四つも稽古事があったのでは、学校の勉強もありますから、十分に練習などできるはずがありません。一つだって、腕をあげるには、日頃の練習が必要です。その子どもには、練習の時間などはほとんどなかったのです。しかし、小器用であったので稽古事に行くと、一応はじょうずにこなしたのです。

しかし、いつまでもそうはいきません。一つことに練習を励んでいる子どもに追い越されてしまったのです。その辺から、焦りが生じました。ことに、見込みがあるなどと言われ、優越感を持っていましたから、焦り始めるとそれは非常に強くなってきたのです。自分本位の子どもなので、自分の思い通りにならないと、焦りはいっそう強くなってしまいます。しかも、負担のかかっている稽古事でも、「見込みがある」と言われているために、やめるわけにもいかなかったのです。

遂に破局が訪れました。学校で妙なことを言って、大声を上げたのです。目は座ったままでしたので、教師はてっきり精神に異常をきたしたと思ったというほど異様だったそうです。そこで初めて、私の方に送られてきて、真相がはっきりしたのです。一人っ子だったし、十分に子どもに投資する経済力もあったのです。子どもが要求するものは、稽古事以外にも、物質的な面で、つまり、物を買い与えるという点で、何でも聞いてあげていたのですから、わがままにならないはずはありませんでした。

まず、わがままを直す必要があります。一カ月に子どもにかける費用を決めて、子どもの物質的要求を制限し、稽古事も一つに整理しました。初めは、子どもからのいろいろな文句があったり、要求が聞き入れられないと暴れたりしましたが、両親はそれに耐えました。そうすることによって、次第に欲望を統制する力が養われてきましたし、三カ月後には、落ちつきを取り戻すことができたのです。友だちと遊ぶ時間もふえ、戸外でもよく遊ぶようになったのです。

「子どもが要求するものですから」という言葉は、子どもの自発性を尊重するように思えますが、実は自分本位のわがままな心を育てているのです。自発性を育てることとわがままを認めることとは、全くちがいます。自発性を育てるということが、わがままをゆるすことになったら、教育上の大きな誤りです。自発性にとって、それが育つ場は、遊びの場です。稽古事は、大人の作ったものや大人が考え出したものを子どもに押しつけることが多いので、自発性を育てることとは程遠いものであることが少なくありません。しかも、やりたいと言ったからといってそれを幾つもやらせることは、経済的にしまりのない、自分本位な心を養っていることになるのです。

稽古事は楽しみのために

では、稽古事を何のためにやらせるのか、その点の検討から始めてみる必要があります。

多くの母親は、将来何か自分で楽しむことのできる趣味として、稽古事をさせておこうと思うでしょう。それによって人生を豊かに送ることができるし、情操を育てることにも役立つと思うでしょう。あるいは、その道で大成し、名をあげてくれれば――とひそかに思うかも知れません。あるいは、友だちが始めたから、いっしょにという場合もあるでしょう。よその母親に誘われたからという例もあります。その場合にも、それが子どもの何かに役立つと考えてのことでしょう。一つの教養になるかも知れません。

ある両親が相談に来ました。「ピアノを買おうと思うがどうだろうか」と言うのです。その理由を聞いてみますと、「子どもに習わせたいと思うし、一台ぐらいはあってもいいと思うので……」ということでした。これは、文化的な家庭としてのアクセサリーの意味で考えているのでしょう。家庭の経済的なレベルが高くなると、このようにピアノが先に持ち込まれて、そして稽古をさせるということもあるのです。

稽古事をさせる意味は、自分なりに楽しむことのできる趣味を持つことにあります。それを他人とともに楽しむことができれば、さらに楽しさは増すでしょう。芸術を楽しむことは、情操を育てるという意味で大切なことですし、それが友だちといっしょであれば、社会性の発達にもよいでしょう。

ところが、稽古事に通い始めてみますと、楽しむどころではなくなってしまう場合が少なくありません。宿題を出されるからです。「次のときまで、これだけのことをやっておいてください」と言われ、それをやっていかないと叱られます。母親がつき添って行った場合には、それを母親に言われますから、教えるという宿題を母親もまた与えられたことになります。そこで、幼稚園や学校から帰ってくると、時間をきめて練習することになります。

しかし、子どもには、練習よりも遊びたい気持のときが多々あります。そこで、怠け始めます。そうなると、母親は何とかして子どもに練習させようとするでしょう。子どもをつかまえて、練習を強要するでしょう。母親にも宿題があるし、いっしょに始めた友だちに遅れをとるのも残念です。ここに、母親と子どもとの間の葛《かっ》藤《とう》が始まるのです。けんかごしに練習をしているという状態が起きてきます。楽しいどころではなく、母子間の情緒的関係の喪失さえ起きるのです。情操教育とは逆の教育が行われているのです。

一度始めたものは、やめないでという気持が母親に強くなることもありましょう。子どもがいやだと言ったからといって、すぐにやめさせるのでは、意志の弱い子どもにしてしまうのではないかという心配もあります。そこで、子どものお尻を叩いても練習させようとするでしょう。子どもの方では、練習と聞くと、暗い気持になるのです。

どうしてこのような家庭悲劇が起きるのでしょうか。それは、稽古事の先生の中に子どもの心理について知らない人が少なくないからです。自分が大人になって身につけた技術教育をそのまま子どもに当てはめようとするから、子どもの心理や生活全体のことを無視した宿題を出すのです。そのような先生は、一日に一分でも二分でも多く練習すれば、それだけじょうずになる——と単純に考えています。そのようにして練習に励めば、才能が輝き出るようにも言うでしょう。量的に積み重ねれば、質的にもよくなるという——これもまことに単純な論法です。たしかに、そのような経過の中で、才能が輝き出た子どもがあるかも知れません。しかし、そのような例があっても何万人の中の一、二人です。多くの子どもは、途中でいやになって挫折《ざせつ》してしまっています。

とくに小学校に入ると、ほかの勉強もあります。それ以上に、友だちと遊ぶことに熱中します。そして、意欲も社会性も伸びていくのです。母親とさんざんにけんかをして、とうとう稽古事をやめてしまったという子どもが何と多いことでしょう。しかし、それでよかった——ということもいえるのです。子どもの全体としての発達からみれば、稽古事に通うことよりも、もっと大切な遊びがあります。とくに友だちとの遊びの中には、社会性の芽ばえがたくさんにあるのです。

ある母親は子どもの抵抗に勝って、稽古事に通わせることができました。たしかに、技術は向上し、先生もほめました。しかし、思春期になっていろいろな悩みが生じましたが、その悩みを打ち明ける友人がいませんでした。遂にノイローゼになってしまったのです。思春期以後は、自分で考える力が養われ、精神的に親から離乳していきますが、そのときに頼りになるのは友だちです。そうした友だち作りの能力は、小学生の低学年のころから養われている必要があるのです。ノイローゼになる思春期以後の子どもは、小学生の低学年のころに友だち作りの機会が与えられていないことが多いことに、注意していなければなりません。

しかし、いったん始めた稽古事も、途中でやめたのでは残念です。そこで、子どもの発達と活動を見ながら、ほそぼそとつないでいくことが必要です。練習をさぼるときもあり、いやいや通うときがあっても、通い続けることをさせていますと、また練習を自分から始めることがあります。しかし、それもまたいやになることがあります。そうしたくり返しを大切にしていくのです。それを根気よく指導してくれる先生が、子どもの心理を理解している先生です。

子どもの稽古事は、子どもの全体の生活の中で考えること、そして、根気よく続けていくこと――が大切です。

コラム 子どもの好奇心を伸ばす

自発性の発達している子どもは、何ごとに対しても好奇心が強く、意欲がさかんです。ですから、家財道具にも好奇心を示しますし、新しく配置されたものにも目を光らせます。例えば、盆暮に配達されてきた物などは、自発性の発達している子どもにとっては、強い好奇心の対象となります。

私の二番目の孫は、一歳八カ月で鋏《はさみ》が使えるようになりました。その後お歳暮の時期になりましたので、お歳暮の紐《ひも》を切る役割を与えました。紐を切る楽しみもあるのですが、それ以上に中に何が入っているかを確認したいのです。紅茶のパックなどは、中の紙の色がちがうので、それを分類することに興味を持ち、箱に詰めたり出したりして遊びました。調味料を並べたり、缶詰を積んだりもしました。毎日のようにそれをくり返しているうちに、箱の大きさやデザインから、中に何が入っているか判断できるようになり、自分にとって好奇心の対象にならないものは、包装紙を破っただけでそのままにしておくようになりました。のりが好きなので、その缶にはとくに興味を示し、同時に文字にも関心を示しました。「の」の字をおぼえて、私が本や新聞を読んでいると、その中から「の」の字を見つけ出して、のりの「の」と言って非常に喜びました。絵本を読んであげていても、先に「の」ばかりを見つけ、「ここにもある、ここにもある」といった具合でした。こうした文字への関心は、その後、興味を持った物に字が書いてあると、「何て読むの？」という質問になって現れました。「ドラえもん」などと読んであげると、それを復唱しながらおぼえていくのです。好奇心のさかんな子どもにさえしておけば、自発的に学習するものです。私たちは、子どもに文字を早く教え込もうなどと考えたことはありません。しかし、「教えて」と言ってきたときには、ていねいに教えました。

このような孫の発達の経過について述べたのは、何も文字や数字を覚えたことを強調しているわけではありません。好奇心、興味、関心の強い子どもに育てておけば、子どもの周囲に絵本はもとより、のりの缶に書いてある文字でも、新聞や私の書いている原稿の中の文字でも、自分から目をつけて、どんどんと学習するものであることをお話ししたかったのです。

ですから、テストまがいのもので勉強させるのとは大きなちがいがあります。勉強させられている子どもは、だんだんに意欲を失っていきます。お母さんに強制されておぼえたことは、小学校低学年ぐらいまでは効果を発揮するかもしれませんが、そのあとはだんだんに自分でやる気を失ってしまうのです。

第3章

第一子の才能を伸ばす育て方のすすめ

子どもの個性を伸ばす親・妨げる親

周囲への気がねが個性の伸びを妨げる

子どもの個性を伸ばしてあげたい――と思っているお母さんは少なくないと思います。個性豊かな子どもになってほしい――と願っているお母さんも多いことと思います。

では、個性とは何か――という質問をされたならば、どのようにお答えになるでしょう。

個性とは――と考え始めてみると、これまで漠然とそう考えていたにすぎないことに思い当たるでしょう。

自分の子どもにはどのような個性があるのか、その点で個性と思えるようなものを一つ一つ書き並べておくことも、個性を明らかにする一つの方法です。それと同時に、子どもの長所と短所とを書いてみるとよいでしょう。お母さんに書いてもらったものを見てみますと、長所と短所とが裏腹であることが多いのです。長所に

「すなお」をあげているお母さんの多くは、短所に「積極性がない」と書いていますが、積極性がないからすなおなのです。「我を張って困る」ということを短所にしているお母さんが、長所として「積極性がある」と書いているのと同じです。

このことは、お母さんについてもいえます。

お母さん、あなたの個性は何でしょうか。あなたは個性的ですか――と質問したら、どのようにお答えに

なるでしょうか。個性とは、その人の特色ともいえましょう。その人でなければ現すことのできない持ち味といってもよいでしょう。

まず、お母さん自身の個性を探し出すことから始めてみましょう。だれにも、個性があるからです。

ところが、それが見付からない――というお母さんが少なくないのです。なぜでしょうか。それは個性の現れを妨げているものがあるからです。そして、妨げになっているものが、わが国には非常に多いのです。それはいったい何なのか。

第一に、周囲のことが「気になる」ということです。

近所のお母さんや園の送り迎えにつき合っているお母さんのことが「気になる」人です。そのような人は、相手のお母さんが子どもの教育をどのようにしているか「気になって」仕方がないのです。近所のお母さんが子どもにバイオリンを習わせ始めると、それが気になって、ではうちの子も――といった具合に、右へならえをしてしまいます。自分なりの考え方をしようと努力しないのです。

一事が万事で、そのようなお母さんは、ほかのお母さんがどのような学校に入れようとしているか、気になって仕方がないのです。そして、

「うちの子どもは、〇〇小学校に入れようと思うのですが、どうでしょう?」

と私に質問をします。

「どういう理由からですか?」

と聞き返しますと、

「よい学校だと聞いたからです」

と答えます。

「どのような点でよいのですか」

と重ねて聞き返しますと、

「近所の奥さんがそう言っていたからです」

という答え。

「どの点をよいとおっしゃっていたのですか?」

と聞いてみますと、

「さあ?」

と返事につまってしまいます。このようなお母さんは、小さいときから、人の言うことばかりを聞いてきた人にちがいないのです。その結果、すなおだといってほめられてきたことが多いと思います。その際のすなおは、自発性の発達の未成熟さに原因しています。ですから、すなおな子はこわいのです。自分なりの考え方をきちっと決める力がないからです。

ところが、わが国には、大人の言うことをそのまま聞いて、それに従う子どもをすなおだといってほめる風潮が今日もなお続いています。この風潮は、封建社会では尊重されましたし、軍国主義の中ではまさに重要視されたことです。上の人の言うことをそのまま聞くということによって成り立っていた社会です。

しかし、個性を大切にする民主主義の社会では、わが国でいわれているようなすなおは、ダメ人間のすることになっています。小さい頃から、自分の考え方をはっきりと言うように教えられます。ですから、気がねなくはっきりと自分の考えを述べる子どもになりますし、そうした子どもが大人になってもいるのです。自己主張ができるように育てることは、個性を伸ばすためには絶対に必要です。

第二に、「気がね」です。

周囲の人がどう思うか、そればかりにとらわれているお母さんには「個性」が伸びませんし、子どももお母さんの「気がね」にがんじがらめになってしまっています。

とくに人前に出たときに、何か言いたいことがあっても、他人から悪く思われないか——とか、笑われはしまいか——とか、あとからあれこれ言われはしまいか

――とか、そう思うと、黙っていることが一番安全だということになってしまいます。こうした「気がね」も、封建社会の産物といってよいでしょう。

実はわが国の社会生活の中では、人のことを「気にしたり」、人に「気がね」をしないと悪く言われたり、頭を叩かれたりすることが多くあります。大人たちがそうですから、子どもたちにもその影響が及んでしまい、〝個〟が伸びないのです。

自発性の発達には自己課題の発見が何よりも大切です。自分でしたいことをはっきりと見つけて、誰にも頼らないで実行することです。

皆とちがうのは、わがままなのか

十数年前、私はドイツ（旧西ドイツ）で友人の家族と度々レストランへ行きました。

レストランでは、必ず一人ひとりにメニューが渡されます。それは、自分で食べたいものをお決めなさいということを意味します。ですから、自分の腹具合や嗜好《しこう》を考えて、注文する食べ物が一人ひとりちがいます。たまたまいっしょに行った七歳の女の子は、肉があまり好きではなかったので、野菜の盛り合わせを注文しました。その子のお母さんは、肉が栄養的にいって大切であることを話して聞かせましたが、その子の注文は尊重して、その通りにしました。

帰国して間もなく、私は四、五家族で中華料理店へ行きました。メニューが一つしかなく、私が年配なものですから「どうぞ」と言って渡されました。私は少食の方ですので、量が少ないもので少々高価な自分の好きな食べ物を注文しました。するとどうでしょう。ほかの大人たちが皆、私と同じ食べ物を注文するではありませんか。そのとき、五年生の男の子が、

「ぼく、ラーメンを食べたい」

と言い出したのです。すると、隣に座っていた父親が怒り出しました。

「皆が同じ物を食べようといっているのに、なぜわがままを言うのか！」

というわけです。

みんなといっしょでなければ、わがままだときめつけて自己主張を抑圧するような教育が行われていることを、まざまざと示してくれたエピソードです。画一的でなければ一事が万事、このような教育が至る所に見受けられるのです。

落ちついていられないお父さんやお母さんが余りにも多く、それを幼稚園や保育所に希望するのですから、園でも「個性的」な教育ができなくなってしまいます。

うちの子はうちの子、わが家はわが家。近所の子どもが○○教室や塾などへ行っても、お父さんとお母さんがよく話し合って、うちの子は自分たちの手で教育しよう——という考え方ができれば、それが両親の「個性」というものであり、それによって子どもの「個性」も伸びていきます。そして園に対しても、「子どもの「個性」を伸ばすように、画一的な保育をしないでほしい——と注文するでしょう。一日も早く、そのような両親になってほしいものです。

知的能力ばかりに目がくらむと……

先生にほめられたら危険信号

子どもの知能が高いことは、両親にとってはうれしいことであり、将来に対して頼もしくも思われるでしょう。とくに、現在が高学歴社会といわれているように、高い学歴を持つことが必要とされていますし、そのためにも高い知能を持っていることが望まれますから、頭がよい子どもには期待がかかります。

知能の高いことがはっきりと現れるように思えるのが学校での成績です。学業成績は知能指数との相関が高いなどともいわれていますから、成績がよいと、頭のよい子だと思うでしょう。そして、通信簿を見たときに、にこにことするでしょうし、ちょっとした褒美《ほうび》を与えるような両親もあるでしょうし、もっと成績がよくなれば自転車を買ってあげるなどと約束するような両親もあるでしょう。

小学校入学以後、多くの両親の頭を占めているのは、何といっても成績が第一——ということではないでしょうか。そのためには、よく勉強してほしいと願うでしょう。

「遊んでいないで、勉強しなさい」と口をついて出るのは、そのことを表していま す。よく勉強してくれて、そして成績がよければ、両親にとっては「言うことなし」ということになってはいないでしょうか。

学校の先生にしてからが、同様です。そしてよく勉強する子、成績がよい子に対しては、「申し分なし」という評価をするでしょう。先生がそのように評価してくれれば、両親も大満足でしょう。ところが、それが大きな誤りであることがしばしばです。私は、両親に向って先生から「申し分なし」と言われたら、恐ろしいことだと思いなさい――とさえ言っているのです。それはなぜでしょうか。先生が、「情緒の発達と安定」や「自発性の発達」を見落していることが多いからです。その結果、中学生や高校生になって、あるいは、大学生や大学院生になって、学習意欲を失って遊ぶようになったり、登校拒否を起こしたり、神経症や心身症にかかっている子どもが少なくないし、自殺をする子どももあるからです。社会にでてからも働く意欲をなくしたり、ちょっとした困難に出会うと挫折をするような大人の中に、子どものころに頭がよかったし成績も上位だったという人が少なくありません。

ですから、頭がよい、成績がよい——という場合にも、いつも、情緒と自発性の発達については、十分に点検をしてみる必要があるのです。頭のよいことでほめられている子どもは、それで得意になることがしばしばです。そして、成績が悪くなりはしまいかと、いつも情緒の不安定な状態におかれます。また成績をあげるために学校の勉強ばかりをしますから、自発性の発達は妨げられてしまいます。中には、勉強しなくてもよくできる子どもがいますが、中学や高校に入って努力を必要とする状態におかれると、やる気がしなくなり、しかもよい成績を保ちたいと思って焦り、苦しいので、結局は逃避したり、怠け者になってしまいます。そのときにはすでに年齢も高く、からだも大きいので、両親には手のほどこしようがないように思え、嘆き悲しむ日が続いてしまいます。頭のよいことや成績のよいことで過去が栄光に輝いている子どもほど、立ち直りにくいし、両親の嘆きにも著しいものがあります。

しかし、そのような子どもでも、自発性を伸ばし、情緒の安定をはかれば、立ち直ることができますし、年月はかかってもその努力を放棄してはなりません。私たちの援助と両親の努力とによって、立ち直った子どもたちをたくさんに経験しています。

勉強好きの子どもも、実は、友だちがいなかったりして、勉強に逃避している例があります。その方が、先生からも両親からも認められるからです。

学校の成績は頭の良し悪しと無関係

いったい、頭がよいということ、知能が高いということはどういうことなのでしょうか。実は、知能についてのはっきりした内容もわかっていませんし、高いか低いかの判断もできにくいのです。また知能を伸ばす方法も、はっきりわかっていないのです。これまでにたくさんの研究が行われてきてはいますが、よくわかっていないのです。もし、その点ではっきりと言う人があれば、それは、誇張して言っているか、うそつきか勉強不足かのいずれかです。

よく、頭をよくする方法とか才能を育てるとかいわれていますが、大人になるまでの長い発達期の中で、それがどのように効果をあげるかなどについては、全くはっきりしていないのです。多くは、知能テストまがいのことをしているにすぎません。そのテストには記憶力を測るものが多いのです。

では、知能テストはどういう意味があるのでしょうか。簡単にいえば、知能テストで測定できる範囲の知能を測定しているにすぎないのです。テストの結果は悪くても、心配しないでよい例が多いし、それがよくても、直ちに頭のよい子とはいえないのです。そうした例を、私たちはたくさんに経験していません。これまでの知能テストにはいろいろと欠陥があるので、次々と新しいテストが作られているほどです。

学校の成績がよいから頭がよいというわけではありません。両親がそばについていていろいろとやらせて、よい成績をあげている子どももあります。しかし、自発性は育っていませんから、両親の援助がなくなると、成績が落ちてしまう例がいくらもあります。

また、現在のように、分量の多い学習内容を「詰め込んで」いる学校の体制の中では、自発的に勉強しようとしている子どもは、うっかりすると落ちこぼれてしまうことになりかねません。ワークブックなどを見ていても、いろいろな答えを出せるような問題なのに、一つしか正答がないという例もありますし、漢字にしても、はねたりはねなかったりで勝負される面もあ

偽りの「よい子」は、内面的な自発性が未成熟で、困難なことにぶつかると、すぐに逃避行動をとるようになります。

り、それも時代によって変わるのですから、全くやり切れないという感じさえします。とにかく、つきつめれば学校の勉強にはいろいろな矛盾があるのです。それに一つ一つつき合っていたのでは、自発性などは発達しません。

その点で、学校の先生から頭の悪い子どもと評価されながら、大人になってから伸びた人が少なくないし、その中から天才になった人もいます。エジソンもその一人です。

このように言いますと、一般知能と特殊知能とに分けて考えたくなりますし、そのような分け方をしている学者さえもあります。例えば、芸術家や碁や将棋の名人、発明家などは、特殊知能の持ち主だというわけです。しかし、そのような人々は、「詰め込み式」の教育の中では不適応な状態におかれたけれども、一つのことに集中して自発的に自分の中にある「個性」を伸ばすことができ、しかもそれが世間で認められたのだ——といえましょう。その際に、そうした「個性」を育ててくれたり、認めてくれる人がいるものです。

このように考えますと、自発性のある子どもや感受性の豊かな（情操のある）子どもは、学校の先生がそのような人格の持ち主でない限り、今の学校教育の中では認められない子どもだといえるでしょう。今の学校教育を、「ゆとり」のあるものにして、子どもの自発性を育て、「個性」を伸ばすことができるように、一日も早く変える必要があります。とくに、先生が、自発性のある「個性」の豊かな人格に変わるように、資質を向上させなければなりませんが、現在の「混乱」し、「荒廃」している教育界が、本当に立ち直れるかどうか。

このようなお話をしたのは、思春期以後になっていろいろな問題を起こした子どもたちのことを考えてみると、成績がよかったにせよ悪かったにせよ、今の教育界の動きの犠牲になった——ともいえるからです。成績はよかったが、「自発性」も「個性」も育ててもらえなかった子どもたち、逆に、成績が悪く、「落ちこぼれ」にされてしまった子どもたちといえるのです。

しかし、それには、もう一つのことを考えなくてはなりません。それは、両親がしっかりしていないからだ——という点です。学校まかせになっている両親や、学校にこびりついている両親が、あまりにも多いからです。家庭には、大切な「家庭教育」があります。家庭教育がしっかりしていれば、学校がどうあろうとも、子どもの人格は伸びていきますし、自発性も育ちます。そのような両親が多くなれば、学校も変わらずにはいられないでしょう。一日も早く、家庭教育を確立する必要があるのです。

遊びの体験・生活の体験

どのように子どもとつき合ってきたか

体験を通して学ぶ――という教育上の重要な課題を考えるとき、まず頭に浮かぶことは、幼児教育について語る人の体験です。幼児教育について語っている研究者や実践家が、どのように幼児とつき合う経験をしているかが、その人の言っていることや書いていることに反映されているからです。

研究者の中に、内外の文献を広く読み、それを巧みに理論的に構成して論述している人がいますが、その論述からはその人の頭のよさはわかっても、感動に値するものはほとんどないといってもよいでしょう。

また、実践家の中に、幼児とのつき合いの体験を書いている人もおりますが、それが表面的なつき合いであるときには、子どものいきいきしたイメージが伝わってきません。町で売られている保育雑誌に書かれたものには、そうしたものが多く、とくに研究者の書いたものは理論的に構成されてはいますが、理論に押し流され、子どもの本当の心とは程遠いもののように思われてなりません。

それに比べて、子どもと深くかかわってつき合っている研究者や実践家の論文は、ともすると理論的な構成が弱かったり、あるときには直観的・情緒的な表現が多いのですが、しばしば感動的であり、子どものイメージがいきいきと伝わってきます。

私が幼児の研究を始めたのは、昭和二十年代の前半ですが、そのころは、研究ということにこだわって、子どもとの深いかかわりのないままに、かなり手際のよい総括をしたり、統計的な処理にもとづく結果を出して満足していました。

それに鉄槌《てっつい》を下してくれたのが、あるすぐれた保育所の女性の園長でした。その園に協力してもらった研究の結果をその園長に見せると、それを一読したあと、その先生は、

「これ、本当に子どもかしら。もっと子どもと遊んでみてよ」

と言われたのです。研究の結果を子どもとともにする生活にしてみると、それがいかに子どもの本質からかけ離れた研究であるかということがわかるだろう――というのです。初めは、その言葉に腹を立てたものですが、園長に言われたように、子どもと親しく遊び、その楽しみを味わってみると、彼女の言ったことが本当に理

解でき、以来、私は、その女史を師と仰ぐようになりました。

それにつけて思い出されるのは、四十年にわたってわが国の幼児教育界の大黒柱であった故倉橋惣三《そうぞう》先生の言葉ですが、それは、今でも鮮明に脳裡《のうり》に刻み込まれています。私が学生だった昭和十五年の春、心理学科の教授の紹介で先生に初めて会った日のことでした。園長室に入って挨拶すると、先生はちょっと怒ったような顔をして、

「今日は、心理学を全部忘れて、子どもとつき合ってくれたまえ！」

と言われました。私は、先生のこの唐突な言葉に驚きもし、腹を立てました。その印象があまりに強かったので、そのあとどのように園で過ごしたか、ほとんど記憶がないほどでした。しかし、その後、幼児と遊ぶ楽しさを味わうにつけ、先生の言葉は私の幼児研究を進める指針となったのです。「幼児教育における効果的な体験のさせ方」について考える際にも、幼児の体験を豊かにしようと考える大人が、どのように幼児とつき合ってきたかという体験が、その鍵を握っているといってもよいでしょう。体験がいかに貴重であるかは、体験した者でないとわからないものです。

幼児教育における私の体験

私の子どもとの直接のつき合いの体験は昭和二十二年に始まります。山下俊郎先生を園長として、一クラス一八名の理想的な幼稚園が創設され、故倉橋惣三先生の薫陶を受けた若い先生が二人就任して、自由保育が始まったときです。

私は園医という肩書きをもらい、しょっちゅう園へ行って、子どもたちと遊んだり、先生と話し合いをしたり、保育を見たりしました。そのときのすばらしい保育は保育を見る私の目を育ててくれました。

また、野外保育の経験も貴重でした。公園を利用しての保育でしたが、子どもたちは、木登りをしたり、荒れ放題の池の中に入ってザリガニをとったりしました。また、三角ベースもさかんでした。そのときの子

どもたちのいきいきとした姿は、今日もなお私の目に焼きついています。私は、その活動のすばらしさを見て、子どもを信頼する気持が強くなりました。

今日、子どもたちがいきいきと活動しているかどうかを見抜く目は、そのときに養われたといってもよいでしょう。それと同時に、いきいきと活動している子どもたちとともに遊ぶ楽しみを十分に味わいました。そして、私が幼かったころ、海岸で思いきり遊んだ日のことが思い出され、童心が甦《よみがえ》ってきました。

その後、私は、小学生を対象としてグループをつくり、夏季合宿を三十年実施しましたが、子どもたちと一週間、高原で思いきり遊ぶ楽しさは、私の一年間の生活の中で、頂点になっていたのです。すでに八十歳を越え、からだが追いつかなくなって合宿はやめましたが、あまりに楽しかったので、今でも思い出します。それは、ひとえに子どもたちと遊ぶ楽しみがあったからです。

遊びが子どもの意欲や創造性を育てる

子どもたちとともに遊ぶ楽しさは、子どもの遊びがいきいきしており、創造的であるからです。創造的であるから、いきいきしているといってもよいでしょう。

子どもが自発的に見つけ出した遊びには、その遊びの中で創造性が伸びているし、それを友だちとともに実現しているときには、社会性もまた発達しています。童心のある大人であれば、子どものしているいたずら遊びに「まぜて！」と言って仲間入りをしたくなるし、子どもたちもそれを歓迎するでしょう。そして、子どもたちとともに遊ぶ楽しさを味わいながら、遊び方の手ほどきをしたり、文字や数を教えるなどして、知的能力を高めることができます。

子どもたちが自発的に選択した遊びには、興味と関心があふれているので、漢字や数の学習にも自発的に積極的になり、それが実際の生活と結びついているので、子どもにとっては概念をはっきりとつかみながら学習することになります。遊びは学習である——といわれるのは、このことを意味しています。

子どもたちの遊びの中には、日常生活の中で学習したものがたくさん現れています。それは「ごっこ遊び」に多く見られ、その内容を見ていると、どのような遊びの中にも生活が現れていることがわかります。これが子どもの遊びは生活である——といわれる根拠です。

このように、子どもの自発的な遊びを、子どもとともに楽しむことができる親や保育者であれば、それをあとで整理したときに、さまざまな系列の発達が実現されていることがはっきりします。自発的な遊びは、いつも「総合的」に行われているからです。

ところが、遊びは教育ではない――という人がいます。この発言は、まさに幼児と遊んだ体験がないことから生じています。あるいは、レジャーと混同していることから起きています。自発的に展開される遊びには、「自由」があります。

幼稚園や保育所で、朝のお集りまでの時間を、自由保育とか自由遊びなどと称しているのは、まさにそのことを象徴しています。たしかに、子どもたちにとっては自発的に遊ぶことのできる時間であり、それなりの意義はありますが、保育者と子どものかかわりが薄い以上、それは放任であり、保育（教育）ではありません。したがって、放縦児《ほうしょうじ》をつくる危険性さえはらんでいますし、安全という点から考えても危険です。絶対に許せない保育者の態度といえるでしょう。

自由遊びは、子どもの自発性にもとづいて選択された遊びをいいますが、その際に、自発性や創造性が発達しているかどうかの確認が必要となるので、保育者としては、ひとときも子どもたちから目を離すことができません。また、子どもに「自由」を与えるということは、保育者にとって極めて大きな責任を担うことになるのです。それゆえ、責任感の乏しい保育者には、子どもを集めて、何かを「させる」

保育が多くなり、無責任な保育となっているばかりでなく、子どもの自発性の発達を抑圧しているのです。また、子どもに何かを「させる」という言葉を使っている保育者や研究者は、自由遊びの本質をとらえていない人たちといってもよいでしょう。それは、もし自発性を大切にするのならば、そのような言葉は口にすることができないはずだからです。

子どもが自発的に選んだ遊びは、興味と関心にもとづいている対象ですから、その遊びに対して意欲的に取り組むでしょ

自発性の発達している子どもには、からだを使った遊びの方が、市販の玩具で遊ぶことよりも、はるかに魅力的なのです。

う。それは、子どもの意欲を養う大切な活動といえます。意欲があれば、一つの遊びをさらに発展させるために、子どもはさまざまな工夫をするのです。

「お手伝い」も重要な体験

私たち大人でも、体験したことと体験しないこととでは、それに対する態度がちがいます。体験したことに対しては不安が少ないが、体験しないことに対してはさまざまな不安が伴い、それが行動面にも現れ異常行動となったり、からだの面に現れると心身症になったりします。したがって子どもには、幼いころからさまざまな体験の機会を豊かに与えることが大切です。

それは、からだの移動(はいはいやあんよ)の始まるころから考慮しなければならないことです。七転び八起きということわざがありますが、転んでは起きるという体験が、転び方や起き方の学習となり、それを見守ることが、転んでも泣かない子どもをつくることになります。もし、抱いたり背負ってばかりいると、あるいはマイカーに乗せてばかりいると、転んだ体験がない子どもになるので、いざ転んだときには骨折したり、大きなけがをします。転んだときに手を差しのべて抱き起こすと、次からは抱き起こされるまで泣きわめく子どもになります。

このことに象徴されるように、毎日の生活の中で、子どもには、失敗の体験を含めて、さまざまな体験をさせることが必要です。「いたずら」の体験が貴重であることはすでに述べましたが、掃除をしたり、食卓のしたくをしたり、食べ物をつくったり、買い物に行くなどの際に、たくさん体験を広げる場が転がっています。つまり、「お手伝い」ばかりでなく、責任のある仕事をどのように子どもにさせるかということです。これは、幼稚園や保育所などにおいても同様です。

何回かにわたってドイツ（旧西ドイツ）やオーストリアのキンダーガルテン（幼稚園）を見学してきましたが、実際の体験がいかに幼児の学習にとって重要であるかということは、長年にわたって幼児教育に打ち込んできた者の一致した考え方です。

五歳児になると、メリケン粉を与えて、クッキーをつくらせていました。粉を練るところから始めるのです。そして、それを型に入れて形をつくり、焼くところまで子どもにやらせます。感謝祭が近づくと、子どもはお金をもち、市バスに乗って、マーケットに買い物に行きます。そして、料理をつくるための材料を、思い思いに買ってきて、そして、実際に調理をします。そのための台所用品が、保育室の一隅に設備されています。のこぎりも大人用のものを与えて、切ることの楽しさと難しさを教えているのです。

わが国では、家庭でも、幼稚園や保育所でも、子どもたちにどのような仕事をさせているでしょうか。そして生活を教えているでしょうか。

家庭では、子どもに「お手伝い」をさせてみると、失敗が多いので、それを嫌う母親は、なかなか子どもにさせようとしません。子どもに手伝ってもらうと、時間もかかるから、早く家事を終えようとしている母親は、子どもが手伝いを始めても、それをとめてしまいます。とくに、完全主義の母親は、せっせと自分でしてしまいます。その結果、子どもはテレビのとりこになり、テレビ中毒を起こしてしまいます。一日に二〜三時間もテレビを見ているような子どもは、その間にからだを動かしていないから、体力も劣るし、怠惰な心の持ち主となり、人格形成にゆがみができるのは当然のことといえるでしょう。

幼稚園や保育所でも、小学校のように、時間割をつくって、保育者が予定した日案を子どもに「させ」ている園では、生活を教えることを忘れてしまっています。

これまで幼児教育は、小学校教育の混迷と荒廃の影響を受け続けてきました。そのために、幼児教育にとって重要な体験学習がきわめて少なくなってしまったのです。それは、その教育が小学校化してしまったからなのです。それは、本当に「保育」を体験した者が、園長や指導者になっていないことにも大きな原因がありす。体験のないことの恐ろしさと、体験することの重要さを、ここでしみじみと感じているのです。

子どもの年齢によっては、「お母さんにまかせなさい」と言いたくなりますが、まず子どもにやらせてみましょう。

子どもの指導は「ゆとり」をもって

子どもに仕事を与えて、その活動を見ていると、それが遊びであることがわかります。母親や保育者のするように、せっせと事を運ぶようなことはしません。仕事を途中でやめて別の遊びを始めてしまったり、その仕事の道具などで遊び始めるでしょう。それを嫌う大人は、子どもに仕事を与えたり、子どもの欲する仕事を子どもに「まかせて」みる気持を失っているのです。子どもにとっての仕事は「遊び」であるという認識をもってさえいれば、子どもの仕事を指導することはできます。遊びを中心において、仕事を指導すること、そのためには、心に「ゆとり」のある母親であり、保育者でなければなりません。あなたの保育に「ゆとり」がありますか――と問われたならば、あなたは何と答えるでしょう。

「ゆとり」とは、せかせかしていないことです。一つの仕事でも、何日かかっても、それができ上がるまでゆっくりと「待つ」心で、子どもたちを指導することです。その間、子どもはたくさんの失敗の体験をします。そうした失敗の体験の中から、その失敗をくり返さないように考えたり、新しい方法を試みたりする状態が生ずるのです。それによって、思考の多角化が起こるのです。自分で考え、自分で試みることができれば、自発性の発達も実現されます。そして、ついに目的の仕事ができ上がったとすれば、成功感は大きく、それが生活技術の修得とともに、自信を強めることになります。

この点から考えると、これまでの多くの園における幼児教育は、根本から考え直さなければならないでしょう。

体験学習の不足は登校拒否につながる

体験学習の不足は、子どもの人格形成にどのような影響を与えるでしょうか。それは、幼児期や学童期にはっきり現れないことが多いようですが、思春期以後になって異常行動という形をとって現れてきます。現在、増加の一途をたどっている中・高校生の登校拒否は、まさにその現れといってもよいでしょう。

登校拒否児の過去の生活史を詳しく検討してみると、体験量が非常に少ないのです。家庭においてはほとんど手伝いをさせていないばかりでなく、母親の奉仕は至れり尽くせりであることが少なくありません。それが、子どもに対する親切だと思っていた母親もあるくらいです。

父親が出不精であるために、母親も子どもも父親に「気がね」をして、家庭外での生活体験をあまりしていない子どももあります。そのような家庭は、親戚とのつき合いも少なく、来客も少ないということになるから、子どもは、他人とのつき合いの体験を多くもてません。

すでに一〜三歳のころに、おとなしい子どもになっている――。「いたずら」という遊びは、親たちからとめられていて、したがって自発性の発達は遅れ始めている――。

そのために二〜三歳に現れるはずの第一反抗期も現れていない――。

――このような子どもが幼稚園や保育所に入ってくれれば、友人形成も順調に行われないでしょうし、自由遊びの機会を与えられても、うろうろしていたり、友だちのあとをついて回ったりするだけで時間を過ごすことになります。登校拒否児の母親に、

「幼稚園で先生から何か言われなかったでしょうか?」

と聞いてみることにしていますが、その答えは、「何も言われなかった」というものが圧倒的に多いのです。「お友だちができにくい」と言われた例もありました

が、結局は、それに対する根本的な対策は立ててもらえなかったのです。

このことは、子どもに自発的な遊びや生活をさせていない保育が行われていたことを意味しています。統制の中に子どもをおくような保育からは、自発性の発達の遅れを発見することはできません。保育者の指示に従って子どもが動いてくれさえすれば満足している保育者の目には、自発性の発達の遅れは映ってきません。

私たちの夏季合宿では、その点がはっきりします。子どもに遊びと生活をまかせることになっていますから、子どもは自分で遊びを見つけなければならないし、自分で生活をしなければならない状況におかれます。そうなりますと、自発性の発達の遅れている子どもたちは、友だちの遊びを傍観していたり、何をするともなくうろうろしています。また、

「先生、これをしてもいいの?」

といちいち聞きにくる子どもがいましたが、

「自分で考えてごらん」

と言われると、何もできなくなってしまうのです。このような子どもは、二割以上もいましたし、しだいに増加している登校拒否児の予備軍ともいえるでしょう。

生活習慣もすっかり乱れ、顔も洗わないし、歯も磨かない子どももいます。それ

は過去においては、親に言われたからしていたにすぎなかったのです。

このような子どもたちについて、

「幼稚園の先生から何か言われませんでしたか？」

と聞いてみても、何も言われなかったと答える母親が多いのですが、

「よいお子さんです」

と言われていた例さえあります。統制保育の中では、このような誤った判断が生ずるのも無理はありません。

幼児教育をもう一度原点に戻すこと、それは、子どもに自発的な遊びが実現できるような保育を、そして、生活上の体験を豊かに与えるような保育を実現するために、これまでの保育を根本的に見直すことであると思います。それと同時に、家庭との連絡を密にし、家庭でも園と歩調を合わせて、子どもの自発性を育てるために、過保護と干渉とを少なくして、子どもに「まかせる」養育態度を確立するよう、とくに生活経験を豊かにするように、指導する必要があると痛感します。

一人遊びのできない子、友だちのできない子は注意信号

子どもの「遊び」はレジャー(享楽)ではない

「遊び」という言葉を聞いたとき、お母さん、お父さんは、どのように考えるでしょうか。

小学生以上の子どもをもっている両親は、

「遊んでいないで、もっと勉強しなさい!」

と大きな声をあげることが多いのではないでしょうか。三歳の子どもをもっている両親から、

「子どもを遊ばせておくのはもったいないので、勉強をさせるプログラムを考えてくれませんか」

と相談されたことがあります。このように、勉強ということを頭においたとき、遊びはそれに反するもの——という考え方をしているお母さんが多いのではないでしょうか。

では、お母さん、お父さんに向かって、

「あなたはどのような遊びをしていますか?」

と質問したならば、どのようにお答えになるでしょうか。おそらく、毎日せっせと働いている余暇に、何かをすること、例えばテレビを見るとか、編物をするとか、週刊誌を読むとかを、お母さんは遊びと考えているのではないでしょうか。お父さんにしてみれば、ゴルフをするとか、麻雀《マージャン》をするとか、パチンコ、あるいはゴロ寝テレビ、さらには女遊びを――。

ところが、これらの多くは享楽（レジャー）であって、遊びではないのです。遊びを享楽と考えている人は、子どもに向かって、遊ばないで――という言葉を放つでしょう。享楽は、人間として好ましくないことです。しかし、子どもの「遊び」は享楽ではありません。享楽と考えたならば、大変な間違いを犯していることになります。それだからこそ、幼児の研究者の多くは、口を揃《そろ》えて、

「子どもの遊びは生活であり、学習である」

と叫んできました。お母さんでいえば、料理を作ったり、洗濯をしたりすることであり、お父さんの場合には職場で働いていることと同じともいえるのです。

ただし、それにはもう少し言葉を添えないと、誤ってしまいます。それは、自分

自身で積極的に、つまり自発的に、そのことに取り組んでいるかどうかということです。お母さんでいえば、料理を作るにも洗濯するにも、それに対して前向きの姿勢で取り組んでいるのか、やらなければならないからやっているにすぎないのか、いやいややっているのか——です。それによって、お母さんのしていることが子どもの「遊び」の意義に通ずるかどうかが変わってきます。もし、それをしなければならないから——とか、いやいややっているのであれば、子どもの「遊び」の意義とはちがったものになってしまいます。つまり、前向きの姿勢でものごとに取り組んでいるときに、子どもの「遊び」と相通ずるのです。

　子どもの「遊び」を見ていてごらんなさい。遊ばなければならないから遊んでいる——という状態はないはずです。もし、お母さんに、

「遊んできなさい」

と命令されて遊んでいるような子どもがあるとすれば、その子のしている遊びが本当の遊びにはなっていないことがすぐにわかるでしょう。ぶらぶらしていたり、友だちのあとをうろうろとついて回ったりしているにすぎないからです。

子どもの遊びは、子ども自身で見つけ出すところに大きな意味があります。つまり、自発性にもとづく自己課題の発見が必要となるのです。自発性とは、自分で考え、自分で行動を選び、自分で活動する力です。ですから、子どもが自発的に選んだ遊びはいきいきとしています。生き甲斐のある生活を送っているといえましょう。生き甲斐のある生活を送ることは、人間に与えられた課題であり、子どもの遊びは、その課題を実現しているのです。そのときには、子どもはその遊びに打ち込んでいます。遊びに打ち込んだ経験を豊かに重ねている子どもは、小学校に入ってから、だんだんに勉強にも打ち込むことのできる子どもです。このような経験は、意欲（やる気）にも関係しています。意欲のさかんな子どもは、自発的に遊びを展開していますし、休むことを知らない——といってもよいほどです。

子どもは遊びながら成長している

子どもの遊びを見ていますと、さらに、重要な要素が含まれていることを発見するでしょう。それは、子どもなりにいろいろなことを考えて遊んでいる姿に接することができるからです。ここに、思考（考える）力の発達がみられるのです。もう一つ、子どもなりの工夫をあれこれして遊んでいる姿を認めることがあるでしょう。その中に、お母さんやお父さんが驚くほどの工夫をして遊んでいるこ

子どもの遊びは生活に根をおろしながら、自発的に決定した活動であり、本来創造的なものです。

とを発見することがあるでしょう。そこに、創造力（新しいものを作り出す力）が芽ばえていることがはっきりと示されています。子どもは、遊びによって、創造性を豊かに伸ばしているのです。そのことは、子どもの遊びをじっと見つめることのできるお母さんやお父さんならば、必ず気がつくことなのです。

このことをお母さん自身の生活に反映させることができます。料理を作るにも、洗濯をするにも、積極的なお母さんであれば、少しでもおいしいものを作ろうとするでしょうし、余った食品で新しいメニューを作るかも知れません。新しい料理の創造です。洗濯をするにも、少しでもきれいにするにはどうしたらよいか？　それを早く仕上げるには？　しかも石鹸《せっけん》を倹約するには？

――などと思考力を働かせれば、子どもの遊びと同じ意義を持って生活をしていることになります。そのようなお母さんの生活は、必ずいきいきとしています。家事の時間を能率化して、自分が一生涯楽しむことのできる何かを見つけ、それに取り組む努力をしているお母さんも、いきいきとしていますし、子どもの遊びの意義をはっきりと認めることができるお母さんです。

どうか、子どもの遊びを、よく見つめてください。子どもが自発的に取り組んだ遊びには、熱中している姿が現れているでしょうし、遊びの中での工夫には、思考力や創造力が育っていることを認めることができるでしょう。

「子どもの『遊び』はレジャー（享楽）ではない。そこには創造的な活動がある」という言葉を、どうかよく嚙《か》み締めてください。そして、お母さん、お父さん自身の毎日の生活を、いきいきとした創造的なものにするために、努力を始めてください。さもないと、子どもを遊ばせておくのは無駄だ――などと考えて、テストまがいのものをやらせたり、早期教育の宣伝に踊らされて、子どもから遊びの時間を奪ってしまうようなお母さん、お父さんになってしまいます。

その結果はどのように子どもに現れるでしょうか。思春期以後になって突然現れる登校拒否や家庭内暴力、ノイローゼなどは、「遊び」を奪ってしまった両親に育てられてきた結果なのです。

研究心（いたずら）が知的能力を開発する

人間の一生で何が大切かを考えてみますと、いきいきと毎日を送る生活がその一つと思います。毎日毎日がいきいきとしていることは、まさに生き甲斐のある生活をしているといえましょう。お母さん方に、あなたの毎日の生活はいきいきとしていますか?——と質問したならば、何とお答えになるでしょうか。

いきいきとしている——とお答えになるお母さんは、自分の生活を自分なりに考えて、いろいろと工夫している方です。もし、いきいきといえるかどうかわからない——とか、マンネリズムにおちいっている——という方があれば、自分の生活を自分なりに考えて新しくする力の育っていないお母さんだということができます。それは、自発性が育っていないからです。

お父さんにしてもそうです。家にいるときに、ゴロ寝テレビ——という状態であれば、自発性の育っていないお父さんです。そういうと、一日の仕事で疲れているから——というお答えが返ってくるかも知れません。ゴロ寝テレビはレクリエーションではないのです。単なるレジャーです。レジャーは、享楽であり、他人から与えられたものを受けとるだけの楽しみにすぎません。ところが、レクリエーションというのは、再び創造する——ということです。創造というのは、自分の力で新しいものを生み出すことです。ですから、当然、自発性がなければできないことです。

自発性とは、自分で考え、自分で行動を選び、自分で行動する力ですが、この力は、生れながらにして、子どもに備わっているのです。はいはいなどのからだの移動ができるようになりますと、はっきりと現れてきます。それは、どのような形で現れてくるのでしょうか。それは、いたずらという遊びによってです。子どもは、目にしたものは何でもいじろうとします。そして、いじり回しては、口に入れてみるでしょう。あるいは、破ることのできるものは破ってみるでしょう。障子を破ったり、襖にさえも挑戦しようとするでしょう。鏡台も興味の対象となります。静かにしているな——と思っていると、その間に、クリームや口紅などをぶちまけているものです。屑籠をひっくり返したり、ティッシュを引き出したり——。お母さんとしては被害の続く毎日となることさえあります。

ところで、お母さんも、その他の家族の方も、これまで、そのようないたずらを認めてあげたでしょうか。

いたずらの認められた子どもは、その他の遊びも活発にします。玩具をあれこれと使って、ひとり遊びをよくします。積木などで遊ぶときにも、自分で考えて、いろいろなものを作ります。大人でも思いつかないようなものを作ることがあります。知的能力が、自発性の発達によって促されることがよくわかります。

その知的能力には、創造性が加わっているのです。それを見ているだけでも楽しいものです。子どもは、自分の力で知的能力を開発していくことがよくわかります。

子どもの冒険は大いに認める

いたずらと同時に、冒険も大切です。危険なことと知りながら、それに挑戦する心です。室内用の滑り台などは、頭を先にして滑ってみたり、座布団にのってスピードを増してスリルを楽しんだり、室内用の四輪車にのって滑り降りようとさえするでしょう。このように危険に挑戦する気持が養われてこそ、自発性が育ちます。こうした行動は、二歳を過ぎると次々とはっきり現れてきます。それをどのように認めてあげるかが、自発性の発達と関係してきます。もし、「危ない、危ない」と言ってとめるようなことが多いと、自発性の発達はとまってしまいます。ですから、子どもの冒険は大いに認めてあげたいのです。

もちろん、万一に備えて、子どもから目を離すことができませんが、口を出さないで、子どもの挑戦に「まかせる」ことが大切です。はらはらするようなこともあるでしょうが、じっとこらえて、口を出さない努力をすることが必要です。そのうちに、運動機能の発達していることがはっきりと認められますので、かえって安心して見ていることができるようになるものです。子どもにも、自信が強くなってきていることがよくわかります。

自発性の発達している子どもが、どのように遊ぶかについて見てきました。お母さんにとっては、手のかかる子どもであり、目を離すことのできない子どもです。子どもをよく育てるためには、手がかかり、目が離せない——ということが条件になります。それゆえに、昔から、子どもを育てることを、手塩にかける——といってきました。

ところが、お母さんの中には、子どもを育てることを面倒に思う人がふえています。手のかからない子どもにしようとし、手がかからない子どもであると「よい子」と思ってしまいます。手がかからない子どもにしようとすれば、いたずらを「ダメ！」と言って叱ってしまえばよいのです。冒険をしようとしたときに、「やめなさい！」と言えばよいのです。その結果、子どもはいたずらも冒険もしないおとなしい子どもになるでしょう。しかし、自発性の発達はとまってしまいます。

そのような子どもは、友だち作りが十分にできません。友だちの遊びを傍観していたり、幼稚園でもうろうろしていたりすることが多くなります。友だちと遊んでいるように見えても、おとなしい子どもとちんまりと遊んでいるにすぎません。その証拠には、けんかをしません。けんかは、自発性の発達にもとづく自己主張の現れですから、自発性の発達が遅れている子どもは、けんかができないのです。けんかをしないと「よい子」のように見えますが、けんかさえもできないあわれな子どもなのです。

このような子どもに対しては、何とかして、いたずらや冒険のできる子どもに変えなければなりません。それには、お母さんが泥んこ遊びなどのいたずらの手本を示したり、冒険をしてみせること、そうした遊びの工夫をすることが大切です。それに子どもが積極的に参加するようになると、子どもの目は輝き、活動もいきいきとし、友だちとけんかを始めるようになりますが、遊びはいきいきとしてきます。自発性が発達してきたからです。

友だちと遊べる子ども・遊べない子ども

友だちに興味を持ち始める年齢は、三歳から四歳にかけてです。よその子どもの遊びをじっと見ていたり、いっしょに遊ぼうとして近寄っていったりするものです。そして、だんだんと友だちと遊ぶことを楽しむようになります。さらに、四歳から六歳の間は、友だちとグループを作って遊ぶ楽しみを十分に味わう時期です。

この時期に、友だちと十分に遊ぶ楽しみを味わうことのできない子どもは、すでに、人格形成にゆがみが起き始めているのではないかと考えてみなければなりません。そのままにしておきますと、小学校の二年生から四年生にかけてのギャングエイジも現れてこないでしょう。ギャングエイジというのは、子どもたちと徒党を組んで遊び回り、遠出をしたりいたずらをして遊び、しかもそのことを親や先生に内緒にしておくことを誓い合う年齢です。秘密結社を作るとさえいわれているほどですが、それによって友だちを作る能力が非常によく発達します。そして、思春期になってから、いろいろな悩みを持つようになったときに、それを友だちとの間で解決し、それによって思春期の危機を乗り越えることができるのです。

四歳から六歳の間に、友だちと遊ぶ楽しさを味わうことのできなかった子どもには、ギャングエイジが現れませんので、友だち作りの能力が育ちません。だんだんに孤独になり、思春期にはそれが決定的になってしまいます。そして、いろいろな悩みが生じても、心を割って話をする友だちがいないために、悩みは深刻になるばかりです。このような子どもは、登校拒否になったり、ノイローゼになったり、ときには自殺を企てることさえもあるのです。ですから、四歳から六歳の間に、友だち作りの能力を養っておくことは、絶対に必要です。もし友だちと積極的に遊ぶことをしない子どもがいれば、その原因を探って、それを取り除くことをしなければなりません。小学校低学年の子どもについても、同じことがいえます。

なぜ友だちができないのか

それには三つの原因があります。それは、自発性の発達していない子どもの場合です。自発性の発達については、すでにくり返して述べましたが、いたずらや反抗などを現しながら、いきいきと遊ぶことができる子ども、つまり友だちとけんかをしながらも、友だちと遊ぶのが楽しみだという子どもであれば自発性が発達しているわけです。ところが、自発性の発達していない子どもについては、次のことを考えてみなければなりません。

第一には、過保護に育てた場合です。過保護というのは、子どもに手をかけ過ぎていることをいいます。三歳を過ぎているのに、お母さんが食事を食べさせているようなこともあります。衣類を着せるのにも、ボタンをはめてあげたり、手を通すのを手伝ったりしています。朝起きたときにも、顔をふいてあげてしまっていますし、入浴のときにもからだを洗ってあげたりしています。つまり、子どもに「まかせる」ことができないのです。それはなぜでしょうか。

完全主義のお母さんの場合に、こうした過保護になりやすいのです。そのようなお母さんは、子どものすることが未成熟で不完全なので、どうしても気持がおさまらずに、つい手を貸してしまうことになっているのです。また、子どもにサービスをすることが、親切な親のすることだと思っているお母さんもいます。おばあさんが同居しているときには、おばあさんがすべてにわたって子どもに奉仕していることさえあります。お母さんが、もう少し放っておいてくださいなどと頼んでも、それに従おうとせず、お母さんを冷たい人だなどというおばあさんがいます。

このようにして家庭内で過保護な扱いを受けた子どもは、幼稚園に通うようになりますと、保護してくれる人がそばにいないので、非常に不安になってきます。そこで、先生にすがろうとするわけですが、先生

は、一人の子どものそばについていて、あれこれ手を貸すことはできません。そこで、家に帰りたくなりますし、幼稚園に行くのはいやだと言い出したりしますが、やはり行かなければならないといわれ、しぶしぶ出かけていくのですが、お友だちと遊ぶことはなかなかできないのです。

このような子どもは、先生とお母さんとがよく話し合って、家庭での過保護をだんだんに少なくするとともに、園での生活が少しでも楽しくなるように保育することによって、少しずつ園になじんできますし、自発性が発達してくるにつれて、お友だちとも遊ぶことができるようになります。とくに大切なことは、お母さんが子どものすることに口を出さないよう、また、手を貸さないように努力することです。

第二には、溺愛《できあい》の育て方をしてきた場合です。溺愛というのは、子どものいいなりになっている育て方で、お菓子が欲しいといえば、その時間でもないのに与え、玩具を買ってほしいといえばすぐに買い与えるなどをいいます。ですから、子どもはわがままです。どこにいっても自分の思い通りになると思っていますから、幼稚園でも、玩具や遊具をひとり占めにしようとします。

しかし、お友だちはそれを承知しないでしょうし、わがままな子どもを、仲間はずれにしてしまいます。ですから、お友だちはできません。初めは元気に園に通ってきた子どもも、だんだんに園がつまらなくなってきます。園にきてお友だちと遊ぶことができなくては、つまらないのも当然のことです。

中には、体力の強いわがままな子どもがいます。そのような子どもは、お友だちが遊んでいる中に入り込んできて、その遊びを破壊してしまったりします。意地悪をしたり、攻撃的になったりしますし、それをとめに入った先生にかみつく例もあります。

このような子どもの場合には、家庭の内外に、子どもを溺愛している人がいるはずですから、溺愛をしないように努力することが大切です。とくに玩具などの物質的欲望や、お金に対する欲望は、一定の範囲内にとどめ、がまんをする力を養うことが大切です。わがままのままに成長すると、お友だちとの遊びもうまくいきませんし、欲望がだんだんにスライドして、それが聞き入れられないと、両親に暴力を働く子どもになってしまいます。家庭内暴力の子どもが多くなっていますが、小さいころから溺愛を受けてきています。

第三は、干渉が多い育て方が原因です。いつもお母さんの望む「よい子」でなければならないと思い込まされている子どもです。そのような子どもは、お友だちとけんかすることもできず、いたずらすることもいけないことと思っていますから、なかなかお友だちの中に入って遊べないのです。このような子どもは、お母さんによってはめ込まれた「よい子」のわく組から、一日も早く自由にしてあげなければなりません。

「よい子」のわく組を取りはらおう

子どもは、自分で遊びを創り出す力を持っています。それが、初めは「いたずら」に現れることは、すでにくり返し述べてきたことで、わかっていただけたと思います。

この「いたずら」は、子どもの年齢が高くなるにつれて、お友だちといっしょになってする「いたずら」や、お友だちと競い合ってする「いたずら」に発展していきます。子どもが、泥んこで団子やボールを作る遊びを、お友だちといっしょになって始めたならば、お母さんはどのように言うでしょうか。

「そんなきたない遊びはやめなさい！」

と言ってとめるのではないでしょうか。衣類でもよごされると洗濯が大変だと思って、とめてしまうお母さんがいるかも知れません。

ところが、子どもの自発性の発達を大切にし、それを育てようとしている幼稚園や保育所では、この泥んこ遊びを大切にしています。雨上りの泥んこの中で、楽しく遊ぶことを大切にしている園もあります。泥んこ遊びを通して、親たちから与えられた「よい子」のわく組をはずそうという目的があるのです。

多くの親たちが与えているわく組は、すなおに親の言うことをよく聞くことです。そうした「よい子」とは、お行儀や言葉づか

幼いころから、泥遊びや大地をはだしで駆け回る機会を与え、泥んこになったあとで、きちんと清潔にする方法を教えてあげるという教育をしたいものです。

いがよく、きちっとした身だしなみで、整理整頓のよい子であることが多いものです。これでは、紳士や淑女の姿であって、もしそれにすなおに従ってしまうような子どもであると、すっかり童心を失ってしまうわけです。

童心とは、天衣無縫というか、外向きの姿にこだわらずに、いたずらをしながらも夢中になって遊ぶ心です。遊びに集中する姿が現れていれば、童心のある子どもといえましょう。そのような子どもは、衣服のよごれることなどにこだわらずに遊びます。泥とか砂を使って、いろいろな遊びを展開します。その楽しさを十分に味わう環境を与えてみますと、だんだんに落してもこわれない団子作りに発展していった園の報告があります。

こわれない団子を作るには、泥を選定しなければならないのです。そこで、園庭にある泥についてあれこれと挑戦していきました。ついには園のわきに続いている林の中にまで入っていって、こわれない団子を作るための泥を探し回ったほどです。

こうした遊びは、そのまま研究心の現れといえましょう。少しオーバーな表現をすれば、土壌学の研究をしていることになります。

こうした研究心の芽ばえを大切にすることは、すぐにその効果を現しませんが、思春期以後になって研究心を必要とするような場面におかれたときにはっきりと現れてくるものです。あるいは、芸術の面にそれが現れてくることがあります。建ったばかりの私の山小屋に、六歳と四歳の知人の子どもが遊びに来たことがあります。その二人とも、自発性がよく発達している子どもたちでありましたから、すぐに遊びの工夫を始めました。まだ玩具を買ってなかったものですから、まず目をつけたのが座布団でありました。それを飛び飛びに敷いて、いなばの白兎《しろうさぎ》のように渡りっこを始めたのです。勢いよく飛ぶものですから、座布団はいたみます。しかし、子どもが自分で作り出した遊びを妨げては可哀相です。その遊びにあきると、次は座布団をきっちりと敷きつめて、でんぐり返しの練習を始めました。何回も何回も練習しています。山小屋は標高が高い位置にあるので、けっこう寒かったのですが、二人の子どもたちは汗ばんできました。すると、さっと着ている物を脱いで、上半身を裸にして遊びを続けます。古くから、小児科医によって、

「衣服は子どもに対して圧迫である」

と言われてきたことを、はっきりと示してくれました。

「寒くないの？」

と聞いても、首を横に振るだけで、遊びを続けています。

次にしたのは、二メートル半ぐらいの中二階から飛び降りる遊びでした。そのために、座布団を二、三枚重ねて積みました。そして、その上をめがけて飛び降りるのです。その遊びには、さすがに四歳の子どもは参加しませんでしたが、上の子どもは十分に楽しむことができました。

このようにして五、六枚の座布団も、二人の子どもにとっては、非常に重要な遊具になったのです。そのことを考えるならば、座布団がいたむといった経済上の理由から、それを使っての遊びをとめてしまうことはとてもできなかったわけです。子どもの遊びにも、このように、大人の側からすればとめたくなるようなものがあります。それを、どこまで許すことができるかは、子どもの気持になって考える力があるかどうかにかかってきます。

その翌日、町からいろいろと玩具を買ってきて二人の子どもに与えてみました。すると、しばらくはそれらで遊んでいましたが、座布団を使っての遊びが再び始まりました。自発性の発達している子どもは、からだを張っての遊びの方が、市販の玩具で遊ぶことよりも、はるかに魅力的であることがよくわかります。

「けが」のすすめ

たくましかった昔の子どもたち

子どもには絶倫といってよいほどのエネルギーがある――ということを痛感したのは、終戦後間もなくのことでした。

終戦後の数年間、東京はまさに焼野が原でしたが、子どもたちを放置しておいてはいけないということで、私の関係していた研究所では野外保育を始めようということになりました。小さな家の一隅を借りて事務室と

し、子どもたちを集めて、公園で保育することになったのです。公園といっても荒れ放題で、木々が倒れていたり、池にもいろいろな物が浮いているという有様でした。

ところが、子どもたちは、木登りを楽しみ、池に入ってザリガニを取り、平地では三角ベースを競う——といった活動ぶりでした。木登りも非常にじょうずで、枝を伝わって他の木に移るという冒険もしていましたが、それに不安を感ずるようなことがなく、むしろその巧みさに声援を送るという状態でした。ザリガニ取りも、池の中に深く足をつっ込み、どろどろになって取りくんでいました。私は、子どもたちが、泥んこになることを当然のことのように感じて、たくさんのザリガニを取ってくる子どもの姿を楽しんでみていました。

また、三角ベースもなかなかじょうずで、私はアンパイアの役をしましたが、負けん気の強い子どもが何人もいて、試合は白熱しましたし、技術もかなりのものでした。それらの活動は、多くは男の子たちに見られましたが、女の子の中にも男の子といっしょになって活動する子もいて、たのもしさを感じたものでした。

その当時の子どもたちの姿は、いまだに私の脳裡に焼きついています。子どもの運動とか活動とかを考えるときに、その姿が第一に思い出されます。

それにくらべると、現在の幼稚園や保育所の子どもたちは、何と虚弱なことでしょう。全くたくましさを失っているというよりほかはありません。とくに室内での保育の多い園の子どもたちの中には、よたよたと歩いているような感じのする子どもさえいます。園の先生方は、そうした子どもを標準にしているので、たまたまジャングルジムのてっぺんにのぼって立ち上がった子どもがいると、危ないからおりてくるように言い、それに従わないと、問題児にしてしまうほどです。したがって、子どものエネルギーは発散されず、意欲は乏しいし、体力も乏しく、運動能力は低いままなのです。

夏季合宿での子どもたち

私たちが主として小学生を対象にして始めた合宿の第一回は、昭和三十二年のことです。その頃の子どもたちは、合宿地（高原）に到着すると、一斉に戸外へ飛び出していって、虫取りをしたり、木登りを競ったり、林の中へ探検に出かけたりしたものです。当時は若かった私でさえ、子どもの後を追うのにふうふう言ったものです。子どもたちのエネルギーのすばらしさを肌で感ずることができて、それを大いに楽しむことができました。

しかし、昭和四十年代に入ると、家の中でごろごろしている子どもがふえてきました。木登りをする子どもが減少し、私が手本を示しても、

「バーカみたい」

と言ったりして、決してまねようとしません。探検も、私の方から誘うようになり、しかも、ぞろぞろと私の後についてくるような状態に変わってしまいました。野球などをしても、一、二人のじょうずな子どもはいますが、あとはさまになりません。終戦直後の保育所の子どもたちの方が、はるかにじょうずでした。

それでも、チャンスを与えると、けっこうエネルギーのあるところを示すのです。毎年、山登りをしたのですが、私たち大人でも疲れを感じる道のりを、全員が踏破します。もちろん、疲れたを連発する子どもがふえ、山登りというと尻込みをする子どももいますが、そのような子どもでも、山登りから帰ってくるとすぐに、戸外に出て虫取りを始めたり、ばたばたとホールをかけ回ったりしています。その点で、われわれ大人たちの方がだらしない有様で、足を投げ出したり、もんだりして、疲れをいやさなければなりません。そのようなときに、子どもたちは、本質的にはエネルギーの持ち主であることに気づかされます。

二回ほど奥多摩の谷間の農家を借りて合宿したことがあります。農家は山の中腹にあり、谷底に小川が流れていましたが、小川へ行くには、非常に急な坂道を足を踏みしめながら十分ほど下らなければならないし、宿舎にたどりつくには、その坂道を再び登らなければなりませんでした。私などは、いったん下れば再び登ってこなければならないことを考えると、下りることに決心がいりました。結局は、一日に二、三回の上下となり、同志の中には足の痛みを訴える者が何人か現れて、膏薬《こうやく》をかなり消耗したものです。

ところが、子どもたちには、登り下りに少しも抵抗感がないのです。谷川の水でパンツや衣類を濡《ぬ》らすと、

「取りかえてくるからね」

と気軽に言って坂道をどんどん登り、間もなく下りてくるのです。小川のそばで飯盒炊《はんごうすい》さんを実施してライスカレーを作ったのですが、スプーンを持ってくるのを忘れた班では、いとも事なげに、

「取ってくる!」

と言って宿舎まで坂を登って行き、再びかけ戻ってきました。それも一人で行けば用が足りるのに、四、五人の子どもたちがかけ登って行ったのには驚いてしまい

ました。子どもたちは、その場を与えれば、すばらしいエネルギーを発揮するものなのです。

とくに、奥多摩の合宿の帰りには、嵐の中をマントをかぶり、リュックを背負って三キロの山道を下りなければなりませんでした。私は、かなり悲壮でしたが、一人の落伍者もありませんでした。一週間の衣類その他の入っているリュックは、一、二年生の子どもたちには相当に重かったはずです。しかし、文句を言う者は一人もいませんでした。むしろ、下りてきたときには、その成功感で興奮し、顔面の紅潮している子どもが多かったほどです。

ただし、帰京してバスから下りたとき、迎えにきたお母さんは、子どもからリュックを受け取ると、自分で背負ってしまうという過保護ぶりを示したのです。私は、思わずお母さんたちに向かって、

「お子さんの方は、自分でリュックを背負って、三キロの山道を下りてきたんですよ！」

と叫んでいました。その声に気づいて、子どもにリュックを戻したお母さんもいましたが、まったく私の声に気づかずに自分で背負って帰っていくお母さんが大部分でした。わが国の母親の過保護ぶりは、本当に大変なものです。

以上を考えてみると、終戦後六十年の経過の中で、運動する場と機会が与えられれば、すばらしいエネルギーを発揮するのが子どもであり、そのエネルギーは大人に及ばない力があるということです。しかし、昭和四十年以後、子どもたちはエネルギーを発揮するチャンスが少なくなり、自分にエネルギーのあることも知らず、怠惰な生活に慣れてしまっている子どもが増加していることを認識しなければなりません。

子どもはがんばる力を身につけようとしているのに、お母さんが過保護ぶりを発揮してしまっては何にもなりません。

運動不足からくる子どもの人格のゆがみ

大人でも、自分に適した運動をして汗をかいたあとは、爽快《そうかい》な気分になるでしょう。まして、エネルギーのさかんな子どもにとっては、本来的に相当な量の運動が必要となるでしょう。

ところが、運動のための環境が乏しく、運動量の少ない子どもは、どのような姿になるでしょうか。運動後の爽快な気分を味わっていないから、積極的に運動する意欲に欠けます。そのような子どもたちは、高原の自然に満ちた合宿地に行っても、戸外に出ようとせずに、室内でごろごろ寝転びながら、

「今ごろ〇〇のテレビをやっているのになあ」

とぼやいています。戸外へ出ようと誘うと、しぶしぶついてはきますが、間もなく部屋に戻っています。山登りで険しい崖《がけ》の前に立つときに、

「何でこんなことをさせるのかよ」

などと抗議してきた子どももいます。そのような子どもは、崖を登るのもまことにヘタです。それは、体験の蓄積がないことによります。聞いてみると、休日の外

出には、父親の運転によるドライブが多いといいます。

父親としては、家庭サービスのつもりでしょうが、そのことは、子どもを心身ともに虚弱児にしているのです。運動環境からいえば、電車に乗り継いだり、混んだ電車で立ちづめになる方が、マイカーよりもはるかに好ましい条件をもっています。そのような考え方の両親に育てられてきた子どもは、

「実にたくましいし、崖などはものともしない。巧緻《こうち》性《せい》も発達し、意欲的である」

ところが、運動を好まない子どもには、

「困難に挑戦しようとする意欲が乏しい」

そのような子どもを合宿で発見すると、私たちは両親に対していろいろな提案をするのですが、親は、知的な面の発達のみを望んでいるから、なかなかそれを聞き入れません。残念なことに、合宿に参加した子ど

もの中から、すでに数名の登校拒否児が現れましたが、みな運動を好まない子どもでした。それらの子どもが、物識り博士であったことも共通しています。

登校拒否を起こしてから私たちの相談室に現れたお母さんに、合宿直後に自発性を育てるようにと提案したことを話すと、なぜもっと強く言ってくれなかったのかと、私たちを非難したお母さんもいました。まったく他罰的（他人のせいにする）というよりほかはありません。それは、お母さん自身の自発性が未発達であることによります。さらに父親の協力が得られていないことが、それに拍車をかけていることも見すごせません。

エネルギーをもて余しているような子どもは、衝動的に攻撃的になることがあります。街灯に石をぶつけてこわしたり、金属の洗面器を棒でガンガンと叩いて、すっかりつぶしてしまった子どもたちもいました。また次々と落書きをした子どももいました。そのような行動も、合宿の主旨からすれば、抑圧からの解放に役立っていると考えている私たちは、子どもを叱ることはしません。叱られないとなると、過去において自発性に圧力を受けることの多かった子どもほど、攻撃的行動をスライドさせていくのが常でした。もし合宿に参加するような機会がなく、抑圧を受けたままで成長したとしたら、思春期に入って、家庭内暴力が始まったり、弟妹に対して残酷ないじめ方をしたり、犬猫に対してむごい扱いをしたりするようになるかもしれません。

そういう子どもは、合宿中も、とくにふとしたはずみからけんかを始めると興奮が著しくなり、相手を徹底的にやっつけるまで容赦しません。その点で、抑圧を受けることの少なかった子どもでは、けんかを始めると、かなり激しい格闘もしますが、それには一定の限界があり、引け時を知っています。それゆえ、残酷物語にはなりません。

運動を楽しもうとしない子どもは、入浴もあまり好きではないようです。汗をかいたあと、入浴して汗を流す際の爽快さを味わっていないからです。

けがはいきいきした活動にはつきもの

私たちの合宿では、入浴のときが、子どもが最も解放されるとき――といってもよいでしょう。浴槽で飛び込みっこをしたり、もぐりっこをして、子どもたちは楽しみます。そうした遊びを楽しむことが、入浴を好むことと関係しています。入浴の時間になると、率先して浴室へ集まってきます。

ところが、運動に積極性を示さない子どもは、入浴にも積極性を示さない場合が多く、浴室にきても、ちょっとのぞいただけで引き返してしまったり、入浴してもすぐに出てしまうのです。それは、浴槽で遊ぶ楽しさを知らない子どもです。そのような子どもは、親たちから「よい子」のわく組をはめこまれています。その際の「よい子」は、入浴の際には清潔と保温が大切であり、そのほかのことで遊ぶことは「悪い子」のすることだと思っているのです。一事が万事で、すべてが整っているので、大人からは「よい子」のように見えますが、童心を失っているために、思いきって遊べないのです。童心とは、思いきって「遊び」のできる純真な心をいいます。「遊び」は子どもにとって生活であり、学習である——といわれるのも、その点を強調している言葉です。

私たちの合宿では、誤った「よい子」のわく組から子どもを解放して、子どもらしい「遊び」のできる子どもに変える努力をしています。

それにはまず、私たち大人がガキ大将になることです。ガキ大将ということになれば、私たちは、子どもにけんかを売って歩いたり、いたずらをしたり、枕ぶつけなどのきっかけをつくったりします。

そうした刺激の中で「わく組」がはずれてくると、その反動として、一時的に攻撃的となる子どもも少なくありません。それはこちらの望むところです。子どもからの攻撃に応じて、やっつけるのです。やっつけられると、よく子どもは泣き出します。だから、私は、よく子どもを泣かせます。子どもが泣きながら私にかかってくれば、意欲がさかんになったことの現れですので、私は大喜びをします。

ところが、最近の子どもは、私がけんかを仕掛けると、すぐに、

「参った、参った」

と言って力を抜いてしまいます。けんかにならないのです。そこで、私は、

「参ったって言ったって許さんぞ」

と、その子を組伏せ、馬乗りになります。すると、それに抵抗しようともせず、

「助けてくれ、助けてくれ」

と叫ぶばかりです。しかし、同じ班の子どもがそばにいても、助けようともしません。これが「いつも仲よく」などの教育目標をかかげ、「けんかをする子は悪い子」といった教育を受けてきた結果なのです。本当の意味での社会性は養われていないのです。子どもはけんかを通じて社会性を伸ばしていくものです。十年前までの合宿にはそれが見られました。私とのけんかが始まると、相当に抵抗しました。私の下敷になっている子どもと同じ班の子どもたちが、枕や箒《ほうき》をもってきて私を攻撃し、救出に取りかかったものです。

私一人に大勢がかかってくるのではかないません。私も仲間を呼びます。大人数人に子ども大勢といった具合で、活気のある闘いが展開しました。その結果、一週間もすると、私の前腕は傷だらけになりましたし、子どもたちも私から傷を負いました。

けがは、いきいきとした活動があれば、必ずといってよいくらいするものです。これが、私のいう「けがのすすめ」の意味です。その点で近頃の子どもは、わずかなけがでも大騒ぎをします。私は、

「そんなけがは、なめておきな!」

と言います。すると、

「ばい菌がからだに入ったらどうする」

などと、年寄りが言うような文句を言うのです。

「平気、平気」

と私。しかし、遊びが一段落ついたところで、私は、子どものけがの手当をし、自分のけがも消毒はしておきます。

とにかく、小さなけがにこだわるために、からだを張って遊ぶ子どもが少なくなり、私の前腕のけがの数は、年々減少してしまいました。意欲のない子どもが増加しているのです。意欲のない子どもは、これからの人生で、困難に出会うと挫折しやすい子どもになりがちです。

それの現れの一つは、登校拒否児で、その生活史を検討してみると、親によって「わく組」にはめられたり、過保護を受けることが多く、自分で自分の問題を解決する力の弱いことがわかります。つまり、自発性の発達が遅れているのです。親たちは、幼いころからおとなしく、大人の言うことをよく聞き、手がかからなかったといい、それが「よい子」だと思っていたのです。

その上に、親たちは運動環境を与えていません。現在、子どもたちは、自分で自由に選択できる運動環境がない状況におかれているだけに、親たちは、積極的に運動環境を与えなければならないのですが、それに気づかずに、おとなしい子どものままにしておくのです。

幼稚園も、知的能力を育てることに心を奪われ、子どもたちが園庭に出る時間を少なくしてしまっています。スポーツクラブは、運動の機会を子どもに与え、技術を養うことには役立っていますが、最も大切な「自由」の中で意欲を養う点になると問題があります。つまり、自発的にからだを張って遊ぶ力は養われないのです。

運動環境を与えよう

昭和三十年代に、空地や林などの自然の遊び場が、次々と子どもから奪われていきました。

私たちは、それらを子どものために残して欲しい——と声を大きくして叫びましたが、経済復興に目のくらんだ政治家や行政官は、その声に耳を貸してはくれませんでした。

ようやくそのことに気づいたときには、すでに手遅れの状況で、運動の機会の少なくなった子どもたちの間には、意欲のない子どもが増加していたのです。

そのような子どもたちの氷山の一角に、登校拒否児がいます。登校拒否児の急激な増加は、他の文明諸国には類例がありません。わが国独特の社会的背景の中で生じている問題なのです。このことを考えるならば、子どもたちが自発的に遊ぶことのできる「遊び場」を返してほしい――と、子どもたちに代って叫び続けなければなりません。しかし、それは一朝一夕に実現できるものではありませんから、両親と教師も相たずさえて、英知を働かせる必要があるでしょう。

第一に、家庭においては、とくに休日を利用して山登りをしたり、木登りなどができるような林に行って、思う存分遊ぶことのできる環境を子どもに与えてほしいのです。それには、父親の役割が大きいといえるでしょう。父親ひとりがゴルフを楽しむような自分本位の行動を考え直して、あわれな子どもたちを救うために、努力をしてほしいのです。もちろん、マイカーを利用して、人や車で混み合う行楽地に行くなどは、英知のないやり方です。やはり、足を十分に使い、電車を利用するなど、その間に苦労があっても、それを克服する心を育ててください。

第二に、幼稚園や保育所においては、園庭での活動ができるように、また、園外に広場や児童遊園があれば、それをがめつく利用する努力が必要です。それには面倒が伴いますが、わが国の子どもたちがおかれているあわれな状況を思うとき、そうした努力への意欲も湧くことでしょう。

第三に、小学校においても、子どもたちに運動する機会をもっと多く与えてください。その際に、体育のみでなく、ガキ大将を中心とした遊びができるように、学年のわくを取り払ってみんなでいっしょに遊ぶ機会を与える工夫も必要となるし、教師がガキ大将の役割を演ずることもまた考えてみる必要があるでしょう。子どもたちと本気になって遊ぶことのできる教師を、子どもたちは望んでいます。私は、その意味で、教師が教材となること、すなわち教師教材論についていろいろと考えています。

なお、教師から両親への働きかけも必要となるでしょう。すなわち、休日には、運動環境を十分に与えることの必要性とヒントを与えることはしてほしいものです。また、それが困難な事情にある家庭の子どもについては、ゆとりのある家庭の両親が援助する方法についても話し合うべきでしょう。

その点で、休日の前に宿題を多く出す教師は、問題の教師というべきでしょう。むしろ、運動のためにどのように休日を有効に使えばよいか、そして使ったか――について、子どもと考え合ったり話し合うことに熱意を示してほしいと思います。

第4章

ひらめ先生の悩んだときのしつけ教室

お風呂と片付け

遊びとしつけは切りはなせない

子どもは遊びたいから入浴する

しつけはしつけ、遊びは遊び――といった具合に、この二つを分離して考えている両親が少なくありません。しかし、これは大きな誤りです。しつけの中に遊びがありますし、遊びの中にしつけがあるのです。

私は、一歳七カ月の孫と、よく入浴をともにしました。入浴となると、清潔と保温しか考えないお母さんがありますが、そうしたお母さんは、からだをさっさときれいに洗い、あとはよく温まってから出るように命ずるでしょう。よく温めるために「一、二、三、四」と数を数えさせるお母さんもあります。温めながら、数の学習をさせようというわけです。しかし、私の孫との入浴は、まったくちがいました。遊びを第一にしました。ですから、孫は、おじいちゃんと入浴するのが大好きでした。

私は、洗い場のところにお風呂用マットを敷き、そこにあぐらをかきます。そして、洗面器とポリバケツとを六、七個並べ、その中にお湯を入れます。すると、孫は、大小のそれらに入ったり出たりして楽しみます。その間、シャワーをかけてからだを温めるのですが、それがお湯のひっかけっこになることもあり、孫にとっては楽しいひとときとなります。そうしながら、石鹸で洗います。孫は、自分で石鹸を握ろうとしますが、小さな手から何べんも石鹸がすべり落ちてしまいました。

「石鹸、ころりんすってんしゃん」

と言うと、孫は声高らかに笑います。そこで、私が洗う番。孫もすなおに従います。そのようなことを二度もくり返しますから、孫のからだは清潔になります。孫が大きなポリバケツの中にひたっているうちに、私も自分のからだを洗います。

それが終るころ、孫は、自分から進んで浴槽に入ろうとしますが、まだふちをまたぐことができません。そこで、私が彼を抱き上げて、

「ボトーン」

と言いながら、いっしょに浴槽に入ります。

そこで待っているのが、じょうろです。じょうろにお湯を入れて、ひっかけっこをするのが楽しみです。じょうろに空気を入れてさかさまにして、浴槽の底の方で

空気を出しますと、ボコボコボコッと大きな音を立てて、それが吹き出ます。それが面白くて、孫が自分でやってみようとしますが、まだ力不足です。そこで、おじいちゃんにやってみろ——と頼むのです。ボコボコボコッ——としてみせますと、それが面白く、

「もう一つ」「もう一つ」

とせがみます。何回かくり返しているうちに、二人とも少しのぼせてきます。そうなると、孫は自分自身で浴槽から出ようとするのです。

「ようし、あがろうね！」

と言って、私は抱きかかえて外に出します。これで、第一巻の終り。孫は、すたすたと浴室から消えていきます。遊びながら、清潔と保温が実現され、しかも、節度がきちっと守られているのですから、孫も満足していましたし、私も満足したわけです。

子どもは、何のために入浴するのでしょうか。それは、お湯という遊具を使って遊ぶためです。清潔と保温を考えて入浴するなどということはありません。遊びたいから入浴する——この気持を大切にしながら、清潔になったすがすがしさや、温まったぬくもりの快さを教えていくのです。これが、幼稚園の創始者であるフレー

ベルが言い出した、

「遊びは生活であり、学習である」

という言葉の意味です。

「遊び」の本質を見極めよう

子どもは、よく散らかします。なかなか片付けようとしません。お母さんにしてみれば、一つ一つ遊んだあとを片付けて、次の遊びに移るように命令するでしょう。ところが、子どもはそうはいかないのです。一つの遊びが終りに近づくと、すぐに次の遊びを思いつき、その構想を立てます。そして、すぐに遊びに取りかかりますから、片付けてなんかいられないのです。とくに、自発性があり、意欲のさかんな子どもほど、片付けをしません。片付けをしない子どもは、自発性があり遊びに意欲的です。

そうはいっても、散らかしっ放しでは困ります。片付けることもおぼえなければなりません。そこで、お母さんとしては、遊びの区切りを見つけることが必要になります。連続的に遊びが続いていきますが、その中にも区切りがあるものです。また、家庭には生活上の日程がありますから、遊びを中断して、日課に従ってもらわなければならない事態も生じます。そのようなときには、

「ここで、お片付けをしましょう」

と言って、お母さんが主になって片付けましょう。しかし、片付けの主体は子どもですから、できるだけ子どもにまかせる部分を多くしましょう。お母さんに急ぐ気持があったり、完全にきれいにしようとする気持が強かったりしますと、つい、子どもに急がせたりして、子どもに不快感を与えますし、完全欲求が強いお母さんですと、文句を言いながら自分でせっせと片付けてしまい、子どもはほとんど片付けをしないでしょう。そのうちにお母さんまかせ――という気持が強くなってしまいます。片付けをきらう子どもは、そのようにしてでき上がってくるのです。

急がない、完全を要求しない――これが、しつけにとって非常に大切です。子どもの片付けの中には、必ず遊びが含まれています。片付けながらも、遊びだすでしょう。それを楽しむ気持が、お母さんにとって大切です。

小学校などの掃除当番でも、初めから終りまできちっとやる子どももいますが、多くは箒やその他の掃除用具でちゃんばらをしたり、その他の遊びを始めるでしょう。それが子どもなのです。きちっと掃除をする子どもは、きちっとしないと気に

なってしようがない――といったこだわりの心がありますから、思春期以後になってノイローゼになる心配があります。また、初めから終りまできちっと掃除をする子どもの中には、先生からほめられたくてしている子どもが少なくないのです。きちっと片付けや掃除をすることもおぼえなければならないのですが、その間に「遊び」を入れるのが子どもの姿であることを、よくおぼえていてください。それには、時間の余裕が必要ですし、お母さん自身の心の「ゆとり」が必要です。

毎日の生活習慣

「がまんする力」をどのようにして育てるか

「待つ」ことのできる忍耐力を

家庭にも、その秩序を守るために、いろいろな約束ごとがあります。幼稚園や保育所にも、学校にも、同様にきまりがあります。そうした約束ごとやきまりを守り合ってこそ、その集団の秩序が保たれるわけです。

ところが、子どもはその年齢が低ければ低いほど、自分中心です。他の人のことに気を配ったり、他人を「思いやる」力は弱いものです。がむしゃらに自分のしたいことや欲しいものに突進し、それを拒否されると、泣いたりかんしゃくを起こします。子どもの欲望をそのままかなえていたのでは、秩序は乱れてしまいますし、子どもも家庭以外の集団の中で生活するときに、不適応を起こしてしまいます。そこで、自分の欲望をおさえる力を少しずつ育てることが必要です。

しかし、自発性の発達について述べたところではっきりと指摘したように、子どもの探索行動、すなわち「いたずら」を禁止して「おとなしい」子どもにすると、自発性の発達はとまってしまいます。そこで、「いたずら」は大幅に認める必要があるのです。

では、どのような面で、欲望をおさえる力を育てたらよいでしょうか。それは第一に、物質的・金銭的な面です。物質的・金銭的な欲望は、大人でさえも上限がありません。いくらでもスライドする可能性があります。ここに、お金には魔性《ましょう》がある――といわれる理由があるのです。この魔性は、子どもの

初めは「いけません」と断っておきながら、
しつこくねだられると、「しょうがない子ね」と
言いながら与えてしまうことは、最も悪い育て方をしています。

適応能力にとっては恐ろしいものです。

そこで、まず、食べ物について、欲望をおさえ、秩序に従うことができるように育てることが必要です。生後十カ月ころになると、食事の準備ができるまで「待っててね！」と言うと、短時間であれば、泣かずに待っていることができるようになります。そして、一歳半になれば、三度の食事と二回のおやつの時間を守ることができるようになります。時間まで「待つ」という力が育ちます。

ところが、食事やおやつの時間の間で、お腹が空《す》くことがあり、食べ物を欲しがることがあります。そのときに与えてしまいますと、お腹が空きさえすれば食べ物をねだる子どもになり、泣かれるのがうるさいということで与えてしまいますと、子どもには欲望をおさえる力が育ちませんし、食事時間の秩序は乱れてしまいます。そして、菓子類を食べたいとなると、泣き騒ぐ子どもになりますし、よその家にいったときにも、すぐにお菓子をちょうだいとせがんだり、勝手に菓子の缶を持ってきてしまったりします。それが可愛い――などと言って与える悪い習慣が日本にはあり、他人の物に勝手に手をつけることを教えてしまいます。

とくに困る日本の習慣は、人が来れば茶菓を接待する習慣です。全く時間を構わないのですから、子どもにはしめしがつきません。欧米では、ティータイム以外の時間に来た客には、何のもてなしもしませんから、子どもにもきちっと時間を守らせることができるのです。一日も早く、日本の悪い習慣をなくしたいものです。

もう一つの問題は、玩具や絵本についてです。子どもが欲しがるたびに与えていると、子どもには、欲望をおさえる力（がまんする力）が育ちません。日時を決めて、その日まで「待つ」ことができた上で、買ってもらうという体験が必要です。

これらについては、今日もまだ相変わらずにだらしのない習慣が続いています。年寄りがいっしょに住んでいたり、近くにいたりすると、おみやげと称して子どもの物質的欲望を満たしてしまうことが多くなります。また、子どもに接触する時間の少ない父親が、その代償としてちょっとしたおみやげを与えることが多くなりました。おみやげは、接触の少ないことの代償としての役割は全く果しません。ものをもらった瞬間には喜びますが、それは接触とは全く別の喜びであって、父子関係は育たないばかりか、欲望をおさえる力のない子どもにしてしまう危険性があります。

「うちの子はものをねだらなかった」と言うご両親がいます。その場合に考えておかなければならないことは、子どもが要求する前にそれを察して、買い与えている場合です。そのような子どもは「うちには、何でもある」といった玩具問屋と同じです。自分で欲しい玩具を考えて要求するという自発性は発達しませんし、物質を誇る気持が育ってしまいます。もう一つは、ねだってはいけない——と思い込んでいる子どもの場合です。「何か買ってあげようか?」と聞いても、「いいの」と言って、「よい子」のふりをしているのです。誤った「よい子」です。それは、自分の内心の欲望をあざむいていることになりますし、自己主張のできない状態に押しこめられているからです。きちっと自分の要求を言うことができて、しかも、欲望をおさえる力が育つように、教育をしなければなりません。

「手を貸さない」「口を出さない」を実行しよう

生活習慣の自立も、適応の能力を育てるために必要です。それは、五～六歳までに完成する必要があります。それには、何度もいいますが、「手を貸さない」で子どもに「まかせる」ことが第一です。すぐに手を貸す家族がいると、子どもは依頼心が強くなり、そうした大人のいないところでは不安になり、適応が困難になります。

しかし、生活習慣が自立したという場合に、「自律」しているかどうかの点検が必要です。この「自律」というのは、大人が口を出さないでも、やっている——ということです。ところが、両親の中には、次々と口を出している人がいて、それに応じて生活習慣が実現されているという子どもがいるのです。これを、私は、オートマティック・チャイルドと呼んでいます。口を出す人がいなくなると、全く何もしなくなってしまうのです。このような子どもが意外に多いことは、小学生を対象とした夏季合宿「ヒラメの合宿」で経験しています。ご両親としては、一週間ほど、全く口を出さずに、子どもの様子を見ていることが、「自律」しているかどうかを点検するのに役立つでしょう。口を出す――という育て方は、過干渉に通じます。

適応の悪い子どもができるのは、口を出し、手を貸す育て方です。その点で、親の「言うことを聞かない子」は自発性が発達し、適応の能力も育っているわけで、親の言うことをきちっと聞いている子どもは、自発性が発達していませんから、一人でしなければならない場面におかれると、不安が強くなります。くり返し言うことになりますが、適応の能力の発達も、自発性の発達に支えられなければ、本ものにならないのです。

わが国では、今日でも、「親の言うことには何でもハイと言って従いなさい」といった封建時代の教育が行われています。そこで、「ハイ」と言って従っている子どもを「よい子」と評価してしまいます。そして、適応の能力が発達しているように見えます。しかし、これは「みせかけ」であり、「にせ物」です。本当の適応の能力――自分で適応しようという力は、育っていないのです。

また、親の言うことがいつも正しいとはいえません。むしろ、未熟な人格の持ち主がいつの間にか親と呼ばれる存在になっているのですから、親自身の言動にもたくさんの誤りや矛盾があるはずです。それに対して、きちっとした抗議のできる態度をとることのできる子どもにしなければなりません。

民主的な家庭の両親は、子どもの言い分をよく聞きます。そして、子どもの言い分が正しければ、それをきちっと認め、親の方であやまりもするでしょう。それが、「正しいこと」を教える重要な鍵《かぎ》ですし、個性を伸ばすことにも役立っています。

ときには「不自由」と「困難」を味わわせよう

お手伝いも、適応の能力を育てるのに大切な役割を果します。

家族の皆で協力し合えば、早く片付くし、日課や家の整備も順序よく実現できます。その子どもの年齢に応じて、家事のお手伝いをしてもらうことを考えるべきです。

ところが、家庭の電化に伴って、子どもに家事を手伝ってもらう部分が少なくなってしまいました。お母さん一人の手でもすべてがまかなえるので、子どもには何もお手伝いをさせていないという家庭がふえてしまいました。お手伝いをするよりも勉強してほしいなどの誤った教育をしている母親もいます。その結果、属する集団をよく運営するために働こうという心が育っていません。

ですから、小学校に行っても、協力しようとしませんし、協力を要請されると不平を言ったり、怠けたりする子どもになって、不適応な行動を現します。このような子どもの中には、物質的・金銭的な欲望は満たされている子どもが少なくないのです。両親の育て方には、子どもには苦労をさせたくない、不自由をさせたくない、という考え方が現れています。その結果、自分ばかりよければよいという子どもがふえています。

そのような子どもは、自分にとって不自由や苦労のあることは、何とかして避けようとしますし、実際に逃避をする子どももいます。登校拒否児の中には、そのような子どもが含まれています。

子どもに対して、どのように不自由や困難な体験をさせているか、させてきたかを点検してみることが必要です。

その意味で、「倹約」を教えることは大切です。鉛筆一本でも、不自由であるが、短くなるまで使う、食べ残しはしない（ただし、自分で選択した場合のみ）、電灯もまめに消し、水道も流しっ放しにしない——などなど、家庭教育の中では、たくさんの項目があります。それをやかましく子どもに言うのではなく、まず両親が手本を示すところから始める必要があります。

以上は、なぜ問題児になったか——ということにお答えする意味でお話ししてきました。問題児のご両親には、いろいろと思い当ることがあると思います。その点をしっかりおさえて、これからどのように扱ったらよいかの方向性をはっきりさせることに役立たせましょう。

また、これらは、問題児を予防することにも大いに役立たせることができるはずです。その上で、勉強のことを考えてほしいのです。

あいさつとおじぎはどうする?
「こんにちは」と「さようなら」

おじぎは精いっぱいの心を表現するために

人前で行儀のよい子どもは、見ていて感じがよいものです。世話が焼けません。「いい子ね」とほめたくなる子どもです。とくにあいさつは、他人とのコミュニケーションの出発点ともなります。ですから、「こんにちは」「さようなら」は、子どもが小さい頃から始めるしつけだと考えているお母さんが多いのではないでしょうか。また、食事のときにはきちっと座る――というしつけも、古くから行われてきたしつけです。

これらのしつけの中で、とくにおじぎのしつけについて、私がいろいろと考えを深めるきっかけとなったエピソードがあります。

その一つは、幼児教育界の柱でもあり、日本のフレーベルといわれた故倉橋惣三先生にお会いしたときのことです。先生はその当時、園長をしておられました。先生の部屋に入りますと、ぽつんと言われたのです。「子どもって面白いですね。朝会ったときに、『園長先生、お早うございます』と言う子もあるし、ちょっと私の腰のあたりをつついていく子もあるし〝赤んべえ〟をしている子もあるし、いろいろですな」と言われたのです。

そのときには、そういう事実があるので、当然のこととして聞き流していたのですが、だんだん考えてみると、その時々の子どもの精いっぱいの表現を、大切にしなければならないことを教えてくださったことに気付いたのです。それを逆にいえば、子どもは親しみを感じている人には、そのときの発達段階によって、いろいろな表現をとるものだ――ということです。あるいは、園長にていねいにあいさつをした子どもは、ほめられようと思ってやっているまでであって、親しみを感じていないことだってあるのです。

両親にしても、教師にしても、本当に相手に親しみを感じてあいさつをしていることは少ないのではないでしょうか。あいさつをしなければ悪く評価される――ということを恐れての行為であることが多いのではないでしょうか。つまり、あいさつを何のためにするのか――という原点に立って考え直してみる必要があるのです。

もう一つのエピソードは、四十年ほど前にＷＨＯ（世界保健機関）主催の「子どもの精神衛生に関するセミナー」に日本の代表として出席したときのことです。会議の議題の中に、まことに妙な項目がありました。それは、「日本人のおじぎが日本人のパーソナリティ（人格）とどう関係しているか」というものでありました。グループ討論となったとき、日本人の私がいるということで、まずこの議題が取り上げられましたが、「日本のおじぎを見たことのない人もいるので、実演してみてほしい」と座長から言われ、私は立ち上がっておじぎをして見せたのです。

第一の質問は、「その角度は何度でやるのか」というものでした。しかし私はそれを正確には知りませんでした。知らないというのも格好が悪いので、「二十五度から四十度ぐらい」と答えておきました。ふつうのおじぎは三十～四十五度だそうですから、当たらずとも遠からずの答だったわけです。すると、日本に来たことのある中年のアメリカ婦人（医師）が、「日本の女の人で九十度とかそれ以上の角度でおじぎをしている人があるのはどういうわけか」と質問してきました。まさに、三十～四十歳以上の女の人のおじぎには、そうしたものが見られます。はて、何と答えたらよいか――私は迷いましたが、「封建時代の名残ではないかと思う」と答えたのです。次いで「何歳ごろから教えられるか？」「幼稚園ではどうか？」などといろいろな質問が出されました。

そのあと、私は「おじぎ」についていろいろな角度から考えてみなければならないということに気がついたのです。とくに、おじぎを大切にしている日本ですから、「頭《ず》が高い」ということは、傲慢《ごうまん》ということにもなるわけです。

そこで、おじぎの角度や回数について差のある場合を考えてみますと、第一に、男女差があります。少なくとも、中年以上の大人の間ではこれが明瞭《めいりよう》です。どうして、この差が生じているのか。やはり、男尊女卑の名残がそこに現れているのではないでしょうか。

第二には、社会的な地位によって角度がちがいます。私の友人で、長く東京にいるドイツ人から、「日本人のおじぎを見ていると、どちらが上の人か下の人かがすぐわかる」と言われたことがあります。お金のある人とない人とでその角度がちがうことも少なくありません。その点で、欧米の慣習である握手には、平等なつき合いの面が現れています。

第三には、利害関係がおじぎにからんでいることがあります。お母さん方にしても、子どもの学校の先生には、おじぎの角度が大きくなり、回数も多くなっているでしょう。お頼み申します——という利益を求めての行動であることは、かなりはっきりしているのではないでしょうか。教師にしても、校長に対するおじぎや、教育長に対するおじぎには、子どもたちに対するおじぎとはちがったものがあるのではないでしょうか。そのちがったもの――というのは、自分をよく思われたいという利欲ではないでしょうか。

このようにお話ししますと、おじぎ一つを子どもに教えるにも、考え直してみなければならないことに気がつかれたと思います。形の美しいあいさつが行われているようであっても、心の奥には、男尊女卑、社会的不平等、功利主義といった考え方がひそんでいるとすれば、それは醜い心の現れといえるのではないでしょうか。

それだからといって、すぐにおじぎをやめようと主張するのは、破壊活動になります。やめようと提案する以上は、新しい行動の形を提案する必要があります。西欧の握手はどうか――たしかに、平等に近いあいさつの仕方ですが、手は肛門《こうもん》に次いで不潔な部分ですから、それをこすり合わせるのはどういうものでしょうか。前に鼻をほじっていた人とも握手しなければならないとしたら、握手も不愉快です。また、西欧には、抱き合って頰にキスをする習慣があります。この習慣も、感冒の流行時には、伝染病を媒介する結果になってしまいます。あいさつの形も、このような保健上の観点から検討してみなければなりません。

おじぎは長い間の日本の慣習であり、衛生学的には清潔ですから、それを残したいという気持もあるでしょう。そうなれば、心を入れかえるよりほかにはありません。すなわち、相手によっておじぎの角度が変わらないような人格にまで自分を高める努力です。そうなると、両親自身が、相手によっておじぎの角度をかえるようなことをしてはなりません。家庭の中でも、お父さんとお母さんとの間で、あいさつの仕方がちがっているのでは、子どもに示しがつきません。学校においても、校長先生と一般の先生の間で差のあるおじぎをしたり、子どもたちに対する先生のおじぎが高くてはならないはずです。

こうした点で、現在の日本を考えてみますと、民主的になったとはいえ、大人たちの心の奥には、まだまだ封建時代における差別の意識が残っていることに気付くでしょう。そのような意識の両親や教師が、子どもの教育を担当しているようでは、子どもに民主的な教育をすることは不可能です。形を教え込みながら、古い時代の教育をしてしまっているということになるのです。

子どもの内面のよさを見抜いたしつけを

そこで、われわれ大人が、本当に、個人を大切にし、男女の間の差別や、社会的地位による差別がないかどうかを、おじぎを中心として検討してみる必要があると思います。そこから出発しなければ、本当の教育は行われずに、形を整えることばかりに走ってしまい、幼い子どもの場合にはそれが成功しても、思春期以後になると、大きく反発する人間になってしまうでしょう。

食事中や来客中の行儀にしても、同様のことがいえます。行儀がよいということが、内面的な発達と結びつかない限り、それは、「人からほめられたい」という利己的な意識のみであり、他人への思いやりからではありません。他人とともにいて、相手の心になごやかな気持を与えるということに行儀の意味があるとすれば、自分が相手にどう思われるか――ということではなくて、相手に対する思いやりから出発する作法でなければならないのです。

三人の息子さんを持つお年寄りが、入院中に私に言っていたことです。それぞれの嫁が病院に見舞に来るのですが、長男と三男の嫁は時間通りに来て、あれこれと見舞ってくれて、行儀もきちっとはしているのだが、何となしにぴったりしない。ところが次男の嫁は、来たり来なかったりで、だらしないところがあるし、行儀もよくないが、ぴたっとしたものが感ぜられる。それが何だろうか――という質問でした。思いやりというのは、結局は、相手の気持を汲んで感じることであり、それが行動になって出てくるときには、たしかに形式もあるが、そうでない行動に現れてくることがしばしばあるのではないでしょうか——と私はお答えしたのです。このお年寄りは、相手の心の動きを汲む力があったから、このような質問をされたと思うのですが、形式的なことに重きをおくお年寄りであったなら、次男の嫁はだらしがない——と言って非難したかも知れません。相手の気持を汲む力が育っているかどうかで、その人に対する評価は非常にちがってしまいます。両親も、教師も、うっかりしていると、形式的な行動の美しさに（ただし偽物に）心を奪われて、内面的な心の動きを見抜く力を失ってしまいます。

その点で、子どもには、非常にそれを感ずる心があるのです。あるお母さんは、子どもの友だちの中に、乱暴で粗野で、とかくほかの家庭では毛嫌いされている子がよく遊びに来るのが気になっていました。とうとうある日、そのことを子どもに話したそうです。ところが、子どもから返ってきた答は、「あの子、とてもやさしいところがあるんだよ」というものでありました。

ある幼稚園で、消極的な男の子がボスにいじめられ、それが問題になったことがありました。そのボスは、何かにつけて暴力を働くのです。そこで母親を呼んでいっしょに話し合うことにしました。母親は「全然、思いやりのない子で……」と言ってわが子を非難し、謝罪しようとしたのですが、担任の保育者は、「あの子には、とてもやさしい面がある」「だから、子どもたちはいじめられても、にくんではいない」と言い、その子のやさしい面についてお母さんに話して聞かせました。その話を聞いて、母親の心もすっかり変わり、ボス君を受けいれることができるようになるとともに、その子の攻撃的行動も落ちついたのです。

つまり、母親自身に思いやりができて、自分の子どものよさを見る目が育つと、子どもの行動が非常に変わってくることが少なくないし、それがいかに大切であるかを物語っています。

ところが、形式的なしつけが多いと、どうしてもそれに心が奪われて、子どもの内面の「よさ」を見抜く目を失ってしまいます。ボス君は、すぐれた担任によって、内面のよさがきちっと見抜かれていたことが、非常に大きな支えとなって、本当に「よい子」になるきっかけを得たのだと思います。

とかく、しつけは、口やかましく言うことで終ってしまいがちです。子どもには子どもの心があり、発達がありますから、すぐには形が整いません。形が整わないのが子どもなのです。ですから、形式的なしつけの手本を示しながら、いつも、内面がきちっと育っていくように努力することが必要です。

公園や乗り物の中ではどうする?
家族エゴイズムが子どもをだめにする

まず大人たちがよい見本を

公衆道徳とは、どのような道徳をいうのでしょうか。公衆のいる場所は家庭外でありますから、道路であるとか公園であるとか、乗物の中のことが頭に浮かぶでしょう。大勢の人々のいるところで、他人に迷惑をかけないこと、それ以上に、他人に親切をつくすこと——これが公衆道徳の内容です。

その点で、わが国の大人も子どもも、公衆道徳には非常に欠けていることが指摘されてきました。家庭を一歩出ると、他人のことにおかまいなしに行動することがいわれています。道路に出れば、紙屑を捨てるばかりでなく、痰《たん》やつばを吐くのです。立小便も見られます。道路がきたなくなるばかりか、衛生上不潔にもなるのですからたまりません。公園へ行きますと、紙や食べ物の残骸《ざんがい》をそのままにしていくだけでなく、入ってはいけないとされている芝地に入って芝を傷めたり、木の枝を折ったり、草花を持ち帰ったりすることさえもあります。それは、子どもばかりでなく、大人たちが悪い手本を示しているのです。

一つのものを分かち合う心

乗物の中でも、紙を散らす人は少なくありませんし、つばを吐いて靴でこする人さえも残っています。乗物の中で、とくに列車の中では、大きな声で談笑するのも、わが国独特の光景でしょう。それらは、飲酒によって誘発されることが少なくありません。欧米人にとっては、列車の中で酒を飲み、大きな声で話し合うということは、思いもよらないことでしょう。中には、客にからむ酔っぱらいも出てきます。旧西ドイツの市電に酔っぱらいが乗って来たときに、車掌がつまみ出してしまったことが脳裡に残っています。他人の迷惑になる行為を容赦なく許さないのです。

子どもたちの列車の中の姿はどうでしょう。赤ちゃんの泣き声に困ったという経験の持ち主も少なくないでしょう。わが国では、赤ちゃんを長距離の乗物に乗せるときの心構えができていないために、乗り合わせた客に迷惑がかかってしまうのです。二、三歳の子どもになると、駄々をこね始めると、その甲高い泣き声に、せっかくの旅も妨げられてしまいます。騒音公害ともいえるでしょう。ふだんのしつけが悪いのに、どうにも仕方がないという顔つきをしているお母さんもあります。子ども連れと隣り合わせるとがっかりする――と言っていた友人があります。

四、五歳の子どもになりますと、列車の通路をかけ回ってきゃあきゃあ言い、他のお客さんにしかめっ面をさせている子どもがいます。しかし、母親も父親も何にも言わないばかりか、自分たちは、ぐうぐう寝ているということさえもあります。欧米ならば、必ずといってもよいくらい、子どもにも「静かにしなさい」と注意するでしょう。両親に警告する人が出てくるでしょう。ところがわが国では、子どものすることだから、何とも致し方ないといったあきらめムードです。

座席の占領はお手のものです。先日も四、五歳の子どもを窓側に座らせ、母親は通路側の肘《ひじ》かけに肘をついて居眠りを装い、二人の間にはハンドバッグがおいてあるという光景に接しました。子どもには切符がないのに、一人前の座席を与えています。しかも、次第に混んできて、立っている人が多くなったにもかかわらず、ハンドバッグをどけようともしないのです。全く他人に対する思いやりのない母親です。家族エゴイズムの現れです。

そのような母親の多い中で、先日、うれしい光景に出会いました。少し混んできますと、すぐに子どもを窓際に立たせて、自分もその方に寄り、一つの座席をあけた父親があったのです。ますます混んできますと、三人掛けにしましょうと提案したのも、その父親でした。お互いにきゅうくつはするが、一つのものを皆で分かち合おうという思いやりの心の現れでした。

近距離の電車の中で、混んできても、自分だけはゆっくりと座っていこうという人は少なくありません。席を少し移動してほしいと注文すると、初めて気がつき、いさぎよく席を作ってくれる人もありますが、さもいやそうに、しぶしぶと席を移動する人さえもあるのです。自己中心的な大人というよりほかはないでしょう。わがままなまま、大人になった人です。

乗物に乗る順番を守って列を作っている人の中に、子どもを割り込ませるのは、女性に目立ちます。そして、先に乗り込ませて、自分の席を子どもに確保してもらうという算段です。これが、席泥棒であることに気付いていないほど、自己中心的であり家族中心的であり、他の人々のことをかまわないのです。もし欧米であれば、自分の子どもが順番を守らないようなことをしたら、恥ずかしい行為として、親は叱ることでしょう。わが国では、自分の子どもが他人から注意されると、怒ったような顔をする両親が何と多いことでしょう。余計な世話を焼かないでほしいと言うでしょう。子どもの行為が公衆に迷惑をかけていることには気がつかず、子どもを溺愛しているのです。

一時、幼い子どもを自分のひざの上に座らせているお母さんがふえましたが、近頃はまた、靴をはいたまま窓外を眺めさせている光景がふえています。靴のよごれが隣の客につくのもおかまいなしということです。また座席も一人前を独占しているのですから、公衆道徳に反します。

欧米では、全く見られない光景です。どうしてこのちがいが起きるのでしょうか。それは、子どもの欲求にそのまま従っているか、それに負けてしまっている親だからです。つまり、子どもを溺愛しているのです。ですから、子どもは自己中心的です。わがままです。このわがままをだんだんになおしていかねばなりません。

わが国の大人たちの公衆道徳の欠如は、長い間の家族制度と、封建制度によって作られたものが多いのです。民主主義が建前になったとはいえ、本音は前の時代のものがたくさんにあります。本音を変えなければなりません。

まず、大人たちが考え方を変えるには、車中でどのようなことを守るべきかについて、他人に迷惑をかけないばかりか、他人を援助する——ことをどのように考え、実際にどう教育したらよいかを、両親も教師も考え合ってほしいのです。教師と両親がともにその話し合いに参加することは、ともに子どもに公衆道徳を守らせるための項目を決め、子どもを教育しながら、教師も両親も自分自身の教育をすることが必要だからです。

子どもに対する教育が先になってもよく、親たちが芝生に入ろうとしたり、紙屑を捨てたとき、子どもの方から「それをやめよう」という発言が出れば、ハッと気がつく両親があると思います。座席についても、混んできたら、自分から席を立つように教育し、とくに老人やからだに不自由のある人に席を譲る子どもがあれば、周囲の大人も気がつくでしょう。

とにかく、公衆道徳がしっかり根を下ろすまでには、まだまだ道は遠いという感じですが、両親に対する教育とともに、子どもに対する教育も行い、その両方から、公衆道徳教育が定着することを願わずにはいられません。

このような面から、子どもの思いやりを養うことは、人格形成にとっては重要なことです。自分の家族だけが楽をしたり楽しんだりしているうちに、子どもには思いやりの少ない人格が作られていることを考えてみてください。

子どものおもちゃやお小遣いはどうする？

子どもをお小遣いの大蔵大臣に

ものを大切にする心を養う

ものを大切にするとは、どういうことでしょうか。両親に買ってもらったものを大切にすることだと、どなたも考えるでしょう。まさにその通りですが、ものは十分に使うものであることを考えてみなければなりません。うっかりすると、使わずにしまい込んでおくことになってしまいます。それでは、ものを買い与えた意味がありません。

ある女の子は、玩具などをたくさんに買ってもらうのですが、それを並べておくだけですから、少しも傷みません。友だちが遊びに来てもさわらせませんから、だんだんと遊びに来なくなってしまいました。

ものは、十分に使うことを、まず教えなければなりません。使えば使うほど傷みますから、遊びに使われる玩具などは、丈夫なものが必要です。丈夫なものは、やはり長持ちがします。

また、手の込んでいる玩具は、やはり壊れやすいものが多く、いったん壊れると修理がむずかしいものです。以前、玩具の病院ができたりもして、よい傾向だと思っていましたが、発展しません。メーカーの側からすれば、適当に壊して、さらに買ってもらうことを考えているのではないかとさえ疑いたくなります。

よい玩具は、単純ではありますが、値段が張ります。その点でドイツとかイギリスの玩具には定評がありました。それに比較して、日本の玩具は値段は安いが壊れやすいといわれた時代があり、現在はその点がいろいろと考慮されているとはいえ、まだ「安もの買いの銭失い」――つまり、安いが壊れやすいものも相当に売り出されています。そのような玩具は、とかくカッコがよく、色もけばけばしいのが目立ちます。

いったん壊れた玩具は、なかなか修理がむずかしい

子どもに手伝わせる部分を作って、小刀や鋸や金槌の使い方もきちっと教えておいてほしいものです。自分の手で作ることの楽しさを、ぜひ体験させてあげてください。

とはいえ、やはり、両親が手伝って、修理をしてみる努力をしたいものです。高学年では子どもにまかせてみても結構修理をしますが、低学年以下の子どもは、お父さんが手伝ってあげなくては無理でしょう。子どもに手伝わせる部分を作りたいものです。父親が修理に夢中になって、子どもは別のところで遊んでいるというのでは、修理の意味や方法を学習させることにはなりません。

しかし、現実には修理がなかなかむずかしいので、壊れた玩具が次々と多くなり、買ったときの値段を考えると捨てる気にもならず、そのまま玩具箱の中におさめられているものが多いことになりがちです。

そのような玩具が溜《た》まっているようであれば、一度全部を持ち出して、どこが壊れたか、なぜ壊れたかについて検討してみることが大切です。それによって、これからの玩具の買い方が慎重になります。年齢が進むにつれて自分が買いたいと思う玩具の長所や短所をいろいろ検討する力がついてきます。これが、ものを大切にする心に通じ、多角的に考える力を養うのに大いに役立つものです。

ほしいものを「待たせる」ことの重要性

ものを大切にする心を養うためには、一定の予算を決め、その予算内で子どものもの要求に応ずる必要があります。つまり、子どもから「買ってほしい」という要求が出されたときに、すぐに応じないことです。

予算を示して、その範囲内で買うように言いましょう。その予算では買うことのできない値段のものであれば、親が数カ月かかってお金を溜めてから――という方法もありましょう。すでに小遣いを与えている場合には、小遣いを溜めて買うように指導しましょう。それでもなお買えないほど高価なものであれば、誕生日であるとか、クリスマスや正月などに、親がお金を追加してあげるなり、お年玉に期待をさせるなり、いずれにしてもその時期まで「待たせる」ことが大切です。「待つ」ということが、耐える力を養うのに役立ちます。

子どもは、「お母さんのけちん坊」と言うかも知れません。「友だちは、みんな持っているよ」と言うかも知れません。しかし、そのときには心を落ちつかせて、両親自身もまた「耐える」必要があるのです。

近頃の子どもは、その点で「耐える力」が弱くなっています。それは、子どもに不自由をさせるのは可哀相だ、と考えている両親がふえたからです。

それも、無理もないことで、今の両親が育った頃はものがなかった時代で、不自由な思いをしたからです。昔は、また、父親が厳然とした態度で、子どもの要求を断ることが多かったものです。子どもはしばしば無念な思いをしました。ところが昨今の父親は、子どもにやさしくなりました。やさしい父親になったのはよいことですが、子どもの要求に応じてものを買い与えることが多くなってしまいました。パパがババ的（婆的）になったのです。ふだんは忙しくて、子どもと遊んであげられないという罪悪感が手伝っているのかもしれません。とにかく、母親が「今は買ってあげられません」と断っても、父親に泣きつけば「よしよし」と言って買って与えてしまうのです。中には、「ママには内緒だよ」などと言って買ってあげてしまう例もあり、まさにババ的な溺愛というよりほかはないでしょう。玩具や遊具、文房具などの購入については、よく両親で話し合って、きちっと締りをつけないと、あとで泣くような思いをすることがあります。

A子さんは、中学二年生のときに、非行グループに入ってしまいました。一人娘であるために、父親は目に入れても痛くないというほど溺愛しました。欲しいというものは次々と買い与えたのです。母親はそのことで注意もし、自分なりに頑張ったのですが、「大らかな心を育てなければならない」と言って、父親はむしろ母親を叱ったそうです。そして、中学に入ると流行を追い始めました。ちょっとでも目先の変わったものを見ると欲しくなってしまうのです。非常に派手になりました。友だちも、似たような派手好みです。

「これはいかん」と思い始めた父親は、急に引き締め策に移りました。しかし、耐える力が養われていないA子さんにとっては、いったん欲しいと思ったものは、何としてでも手に入れなければ落ちつきません。両親の財布からお金を持ち出しました。それに気付いた両親は、財布の管理を厳重にしました。そうなると、家にある金目のものを持ち出して売るようになったのです。その買手が、非行グループでありましたから、たちまちそのグループに入ってしまい、家に帰らない日が続いたのです。

B君は、小さい頃から、ものを買ってもらえないと、大暴れをしました。その暴れ方がひどいので、やさしい両親は、ついそれに負けて買ってあげてしまいました。年齢が高くなるにつれて、買ってほしいというものが高価となり、それに応じないとさらに暴力をふるうので、またその要求を認めてしまうという具合で、大変な混乱におちいったのです。一つものを買ってもらうと、じきに飽きがきて、気に入らなくなる――という状態のくり返しで、実にものを粗末にしましたし、暴力をふるって、次々と壊しました。

この二つの例とも、両親と協力しながら、一歩一歩「耐える力」を養っていきました。落ちついた状態になるまでに、五、六年もかかってしまったのです。

ものが豊かに与えられていますと、子どもはそれらを大切にしません。壊れればまた買ってもらえると思えば、誰だってものを大切にはしないでしょう。あるいは、壊しさえすれば新しいものが買ってもらえるという気持があるのですから、ものを大切にするはずがありません。そのときになって、ものやお金の大切さについて説明してみても、「わかっている」とか「うるさい」と言って、聞こうとはしないものです。自分の欲望を遂げることで頭がいっぱいになっているのですから……。

すぐには買ってもらえなくても、努力すれば目的を達することができる――という方向を打ち出すことは必要です。それがないと、「拒否」ということになり、子どもは希望をも失ってしまいます。ある期間「待たせる」ことをしているうちに、あれほど欲しかったものが、そんなでもなくなったり、どうでもよくなったりすることがしばしばです。そうした経験をさせることが、ものを買うときに慎重でなければならず、見通しを立てなければいけないという自覚を育てます。ものを大切にするしつけの中でも、「待たせる」ということの重要性を十分に知っていただきたいと思います。

ものを大切にする余り、友だちに貸さないようでは困ります。ただし、二、三歳のころは所有の観念が発達してきますから、よその子どもが遊びに来ても、決して貸そうとしないでしょうが、それでよいのです。しかし、三歳前後から、友だちが遊びに来たときには、自分の玩具を貸してあげ、それを使って「ともに遊ぶ」ことを楽しむような面が次第に多くなってきます。それでも、自分で大切にしている玩具には、ケチな面を現すでしょう。さらに年齢が高くなりますと、友だちとともに遊ぶことのできる玩具や遊具を買ってほしいというようになるものです。

ところが、いつまでも、ものの方を大切にし、友だちとの遊びの仲間に入れない子どもがあります。それには、二つの原因があります。一つは、ものを大切にすることの方を強く教え込んだ場合ですが、もう一つは、両親から溺愛をされているために、友だちと遊ぶ際に生ずるトラブルや思い通りにならない状態を嫌い、家の中に引《ひ》き籠《こも》りがちになってしまった場合です。このようにして友だち作りのできなかった子どもは、思春期以後になって孤独なために、登校拒否や神経症になることがしばしばです。

ですから、ものを大切にすることを教えるよりも、友だちとの遊びを大切にすることを優先させる必要があります。友だちとの遊びが活発になりますと、どうしても玩具などは、壊れることが多くなります。せっかく買い与えた玩具だと思うと、それらが壊されると、腹を立てたくもなるものですが、そこはがまんのポイントです。とにかく、友だちと活発に遊んでいることの方に重点をおいて、決して子どもを責めないようにしたいものです。

以上のような問題をふまえた上で、整理箱を与えるとか、木箱に模様をつけてあげるとか、子どもに手伝わせたりして、技術的な整理の方法を少しずつ教えてほしいのです。

ときには子どもに不自由をさせる

お小遣いを与えることの意義は、金銭教育を通じて、人格形成によい影響を与えることにあります。この際、昔からいわれてきたように、お金には「魔性」があるということを考えておく必要があるということです。

魔性とは、人格形成にゆがみを与えることです。昔から、三代目は滅ぶ――といわれたのもこのお金に関係があるのです。一代目は苦労に苦労を重ねて財産とか社会的地位を築き上げ、親の苦労を知っている二代目はそれらを守り抜くことができたけれども、三代目は苦労もせずに財産の上にぬくぬくと育ったことで、精神的な虚弱性の持ち主となり、お金の有難さも知らずに、それを使い尽して滅んでしまうことを意味していると、私は考えています。

六十年ほど前に、カナダとアメリカの日系人を次々とお訪ねしたことがあります。日系人には、一世・二世ともに犯罪や非行が全く現れなかったことから、その当時（終戦前）は、日本民族の優秀性などといわれていたのです。ところが、三世や四世になるとそのイメージは消えて、いろいろな問題が現れ始めました。それが問題になっているときに、私どもは訪問をしたことになります。

三世や四世に犯罪や非行の多くなったことの原因にはいくつかのものが挙げられましょうが、その一つに、三代目は滅ぶ――という諺《ことわざ》が当てはまります。一世は、実に苦労を重ねながら、子どもを勉強させ、学校を出しました。そして、二世の代になって、財産を安定させたりふやしたり、高い社会的地位につく者の数もふえました。親の苦労を見てきていますから、心を引き締めるものがあったのです。

ところが、親の社会的地位も向上し、財産もできた中で、苦労なく育ったのが三世や四世です。苦労をしない――ということが、どこかに精神的な虚弱性を作ってしまい、それが、以前にはなかったような問題を起こすようになった一因であることは、十分に考えられることです。

日本も、明治以来を振り返ってみますと、終戦前までは一代目の時代であったと考えることができます。経済的には貧乏な国でありましたので、努力に努力を重ねて国威をあげることができたと思います。そこで終戦となりました。しかし、二代目は見事に経済的な立ち直りを見せて、経済大国になったのです。もちろん、その立ち直り方にはたくさんの矛盾や無理があり、それらが今後どのように処理されるかには大きな不安もありますが、それ以上の不安は、三代目となるはずの子どもたちに、いろいろな意味での精神的な虚弱性が現れていることです。

その大きな原因に、「子どもには不自由をさせたくない」という親がふえて、物質的な面でもお小遣いの面でも、膨張しているばかりでなく、非常にぜいたくになっているのです。そのことは、デパートなどで子どもに関係する用品を売っている売場を見ればすぐにわかります。玩具売場にしても、学用品の売場にしても、子ども用の家具の売場などにしても目を見張るものが並んでいます。また、とくに幼児向きのものが多いのですが、絵本、CD、その他、頭のよい子に育つとか、情操を豊かにするとかの名目で、大がかりな宣伝がされています。さらに、幼児や学童向きの塾や○○教室の氾濫《はんらん》は、まさに、親のふところをねらったものと言うよりほかはありません。それらには、教育という名目を立てれば、わが子にぜいたくをさせる親が多いにちがいないという狙《ねら》いがあるのです。

このような状況の中で、子どもはぜいたくに慣れてしまい、その上自発性が未成熟であるという事実は、いろいろな面で現れています。まさに、精神的な虚弱児です。

このように考えますと、二十一世紀の日本は、滅亡するのではないかという危機感に襲われますし、すでに、家庭の悲劇が多くなっています。

その一つの現れとして、登校拒否児が何と多くなってきていることでしょう。これらの登校拒否児の生活を見ますと、どんな名目にせよ、親たちは子どもにぜいたくをさせている場合が多いのです。子どもの持ち物（玩具、遊具、衣服、部屋、書籍、CDなど）や小遣いの額には、驚くほど多いものがあります。食べさせてもらい、寝かせてもらい、その上にぜいたくをさせてもらっていれば。努力を必要とするような勉強や学校生活を嫌うのは当然のことです。そうした登校拒否児の親の中には、子どもが困らないように、多くの財産を残してあげようなどと考えている者さえもあります。お金には魔性があります。それを使う者の人格次第で、蕩尽《とうじん》してしまうことなどは、わけのないことです。それに気付いていないのです。

そこで、子どもには、子どもなりの不自由な生活をさせることを考えましょう。それ物への欲望は際限がありません。これは、大人についてもいえることです。それだだからこそ、一定の範囲内でがまんする力を養う必要があります。つまり、一定のお小遣いの額を決め、その中で自分の欲望をかなえるようにしつけなければなりません。もっと欲しい――と言っても、がまんをさせることです。すでにがまんをする力が不足している子どもは、いろいろと言いがかりをつけたりうるさくつきまとったり、中には暴力をふるって欲望を達しようとする子もいますが、絶対に負けてはなりません。それが面倒になって負けると、それだけわがままが強くなります。

ただし、欲しいものがあっても、それを要求しない子どもになったのでは困ります。ものを欲しがる子どもは悪い子――と思い込まされてしまっている子どもがあり、自発性は抑圧を受けているのです。また、お小遣いも欲しがらないという子どもの中には、子どもが欲する以前にものを買い与えてしまっていることが少なくないのです。

子どもにお小遣いを与えることの意味

お金を欲しがっても、限度を守る力を養うことが、金銭教育の最も大切な目的です。ただし両親はきちっと限度を守らせていても、近所にお年寄りがいて、お年寄りにねだればお金が手に入るというのでは、全く効果がありません。お年寄りばかりでなく、同じような親戚がいても、そこが抜け穴になって、がまんをする力は養われていない子どもがいます。

お小遣いは、子どもの自発的な判断でものを買うことができるようにするために与えるのですから、初めからその内容に制約を加えることは、自発性の発達を妨げることになります。ですから、子どもの判断に「まかせて」買わせることが必要です。しかし、買ってきたものについて、指導は必要です。すぐに壊れやすいものを買ってくるかも知れません。そのときには、どうして壊れやすいのかについて、教える必要があります。あるいは、不潔な飲食物を買ってくるかも知れません。それについても教える必要があるのです。そして、だんだんと買物じょうずになるように指導します。誰だって、初めから上手な買物はできません。買物じょうずな子どもにするためには、根気よく指導することが必要です。

初めは気前よくどんどんと使い、不足してはねだってばかりいた子どもも、がまんすることを学習しますと、一時、非常にけちん坊になり、溜め込んでばかりいることがあります。その時期に、弟妹のお金をちょろまかしたり、釣銭をごまかしたり、お母さんの財布から失敬することがあります。このときには、お使いに行ってくれたときなどを利用して、釣銭を積極的に与える心の余裕もほしいのです。

余裕を示しながらも、きちっとけじめを教えることは、非常に大切です。その点をずるずるしていますと、くり返し同じようなことが起こり、家族以外の者のお金にまで手が伸びることもあります。そのときには、もちろんきちっと返却させなければなりませんが、両親が決着をつけるのではなく、必ず子どもが決着をつけるように指導すること、すなわち、子どもを連れて行って子どもに謝罪をさせなければなりません。それが、正直を教えるよい機会となります。

いくたびかこのような遍歴をしながら、子どもの金銭教育は目的を達することができるのです。その間に予算と決算について学習することになります。このころになって、買ったものをノートにつけることを教えるとよいでしょう。お小遣いを与え始めたときにこれを要求しても無理ですし、買ったものについて親の干渉が多くなりますので、初めは子どもに「まかせて」いろいろと体験する機会を与えることの方が大切です。

小学校三、四年になりますと、月極めの雑誌やそのほかの子どもの欲望とかかわりのある定期的なものについては、大体の予算が立ちますから、それらを含めたお小遣いの額を決めるとよいでしょう。そうなると、子ども自身で惰性で買っていたような雑誌などはやめて、別の計画を立て、それを予算に盛り込むことができるようになり、その中のいくらかを貯金しておいて、大きなものを買うことを考えるようになります。そのような努力が始まれば、誕生日とかクリスマスや正月に、両親が援助資金を出してあげる約束をすることが、貯金へのはげみとなるものです。

以上のようにしてお小遣いを与え、金銭教育をすることによって、人格形成に非常に大きな意義が発揮されるものです。

コラム

友だちと上手に遊べないときどうするか

友だちと上手に遊べない子どもの中には、「おどけ」や「ふざけ」を悪いことのように思っている子どもがいます。お母さんがくそまじめであったり、お父さんも同様だということもあります。ですから、子どもをきちっとしつけようとして、子どもの自発性を抑圧しているのです。

確かに、生活習慣はきちっと自立していて、行儀がよく、言葉も正しいのですが、子どもらしさを失っている小紳士・小淑女というわけです。

その点を見抜くことのできない園の先生がいて、「よい子」と評価します。そして、「ふざけ」たり「おどけ」たりする子どもを叱っています。そうした先生もまた、くそまじめで、しつけばかり急いでいます。ですから、叱ることの多い先生です。

このような先生によって、子どもの自発性はますます抑圧を受けてしまいます。

友だちといきいきと遊ぶことのできる子どもにするためには、一日も早くしつけのわく組から解放する必要があります。そして、自由に自己表現のできる子どもに変えなければなりません。

幼稚園でも、自由遊びを多くしていて、先生が子どもといっしょになって、おどけたりふざけたりすることが大切ですが、なかなかそのような先生は多くいませんので、園に期待することができないわけです。お母さん、お父さんにしても、くそまじめであったことでよい評価を受けてきているので、なかなかふざけたりおどけたりすることはできないでしょう。

そうなれば、子どもには遊戯治療が早道です。そして、自由に行動ができるようになりますと、友達といきいきと遊ぶように変わります。選ぶ友だちもいきいきとした活動家です。

一方、友だちと上手に遊べない子どものもう一つの原因は、過保護を受けている場合です。過保護とは、子どもにまかせることが必要なのに、家族の者があれこれと手を貸している育て方です。子どもは、生活上の技術を学ぶことができませんし、世話をしてくれる人がいないと不安になってしまいます。幼稚園に通い始めても、なかなかお母さんの手を離そうとしませんし、園の先生にすがりつこうとします。ですから、友だちと遊ぶことはできません。

しかし、先生の誘導によってだんだんと友だちと遊べるようになりますから、通園を続ける必要があります。それと同時に、家族の者が話し合って、どの点が過保護になっているかを点検してみましょう。

勉強への興味はどうやって引き出す？

「詰め込み主義」は勉強嫌いを作る

勉強の「くせをつける」のでなく興味を持たせること

小学校に入学すると、早速、勉強のくせだけはつけておきたいと願う母親が多く見られます。教師でさえも、「勉強のくせをつけておいてほしい」と注文することがあります。その結果、学校から帰ったら、三十分は机の前に座る――などと口やかましく言っている母親が少なくありません。

しかし、子どもは机の前で何をしているでしょうか。しばしば自分の好きな漫画を読んだり、玩具で遊んだりしているのです。そうした態度を見て、叱る母親さえもいます。そして、遂には子どもとけんか腰になっている例もあるのです。

勉強のくせをつける――というのは、大きな誤りです。

子どもに勉強をさせるには、勉強への興味をどのようにして引き出すかにかかっています。勉強に対して興味を持てば、子どもは、誰に言われなくても、ちゃんと勉強をするものです。母親が口やかましく言えば言うほど、勉強に対する興味はうすれ、勉強というものは嫌なものだという印象を強く持ち始めてしまいます。そのようにして、本格的な「勉強嫌い」になる子どもが多いのです。

とくに、子どもの年齢が低ければ低いほど、興味が問題になります。そこで、興味のある学科目について、さらに興味を促すような教材を与えることから始めなければなりません。あるいは、遊びの中での学習が必要になることがあります。

子どもの遊びは、大人の遊びとちがって、それ自体が学習であるからです。その点で、わが国では、古くから、勉強――となると、急に改まって机について教科書を勉強するということになっていますが、この考え方を改めていかなければなりません。

その点で、すでにアメリカの小学校などでは一般的となっているオープンシステムにもとづく勉強というのがあります。

まず、学年別をやめて、例えば、六歳から八歳をいっしょの組にします。教室も、これまでのわが国のような教室ではなく、広い部屋を本箱などで区切って、いくつものコーナーを作ります。そして、子どもが自分で教科を選び、自発的に学習するのです。教師はコーナーで待っていて指導するという役割を持つのです。

このことを述べる理由は、わが国の教育が明治以来とうとうと流れている、上から下へと教え込む授業であり、いつの間にか「子ども不在」の「詰め込み主義」になっているだけに、その結果、苦しんでいる子どもが多いからです。しかも、自発性が養われていません。それに対して自発性を大切にする授業の方法があり、恐らく近い将来わが国でもその方法をとり、それによって家庭での勉強も全くちがった形になることが予想されるので、新しい情報として聞いていただきたかったからです。今のように「詰め込み主義」の勉強では、結局は本当に内容を理解する子どもはできません。ただ机の前に座って、注意散漫な状態で時間をつぶす——という極めて能率の悪い勉強の仕方で、しかも勉強嫌いを作っているのです。

土曜・日曜は団欒《だんらん》を楽しむ日に

子どもが勉強に自発的に取り組んでいないと、母親の中には、教師に対して「宿題を出してほしい」などと本末転倒の要求を出す者が現れます。宿題をたくさんに出す教師をよい教師だとするような愚かな考え方になります。このような考え方を持っている母親に対し、おもねる気持を持っている教師は、たくさんに宿題を出す結果になって、子どもを苦しめています。

本当に一人一人の子どもの実力をつけることを考えて宿題を出すことは、非常に大変な仕事で、そうたくさんに出せるものではない――とすぐれた教師は言っています。宿題をたくさんに出す教師は、自分の不安から、量的にのみ学習を考え、質的な見方を忘れてしまっています。問題は、宿題の量よりも質にあるのです。その宿題が、本人の実力をつけるのにどのように役立っているかを、十分に検討した上でなければ、子どもを

両親が協力し合っている家庭には明るい雰囲気があります。休みの日には、子どもとともにいて楽しい雰囲気を作りだすことです。

苦しめるばかりです。

宿題をたくさんに出された子どもは、翌日までにそれを終えなければならないでしょう。とても、自分の力ではできないとなると、お母さんの援助が始まり、二人がかりで宿題に取り組むことになります。

そうなると、決まったように、母と子のけんかが起きます。なかなかはかどらない宿題にいらいらした母親は、どうしても子どもを叱ることが多くなってしまいます。子どもは、それが不愉快になり、親に向かって口答えをしたりするでしょう。次第に二人ともが興奮して、二人とも泣き出すなどという悲しい状態が起きてしまいます。

宿題が、母子間の断絶を招いているのです。

宿題は、教師と子どもとの間の約束ですから、「お母さんとは関係なく、ひとりでするように」と言うべきです。教師も、「お母さんにはご迷惑をかけないように」と言うことが大切です。ところが教師の中には、親の援助を期待している人があります。「お母さんがみてくれなくては困る」などと言う教師です。教師は、親に対しては「子どもの学習については、すべて私にまかせてほしい」と言うべきで、それでこそ、専門職としての誇りを持つことができるのです。

土曜日に宿題を多く出す教師がありました。それは、土曜日、日曜日をぶらぶらと過ごして困るから宿題を出してほしいという母親たちの要請に応えたからでした。このような母親や教師は、土曜日と日曜日のあることをどのように考えているのでしょうか。また、家庭生活をどのように考えているのでしょうか。

土曜日や日曜日は、家庭にとって大切な日です。一家がすべての仕事や勉強から解放されて団欒を楽しむ日です。それに、親戚や友人が参加するかも知れません。それなのに、たくさんの宿題を出すのは、オーバーな言い方になるかも知れませんが、一家を不幸におとしいれているのです。

それに気付いたある母親は、「土曜日や日曜日に宿題がでたら、それをやらなくてもいい。お母さんが先生にお手紙を書いてあげるから……」と言って、手紙を書きました。「土曜日から日曜日にかけて、親戚が

来て家庭の大切な営みをいたしましたので、宿題をする時間がありませんでした。親戚とのつき合いは、家庭としての大切な営みであると考えましたので、どうかご諒承下さいますよう」というものでありました。家庭を大切にする母親の悲愴な叫びでもあったのです。しかし、教師にはそれがわからなかったようです。あるいは、母親の思い上がりと感じたかも知れません。

学力偏重で詰め込み主義の現在の学校教育からの圧力から、子どもや家庭を守り家庭の団欒を維持するために、両親なりの結論を導き出す必要があるのです。家庭が落ちついて楽しい団欒がなくては、その上にいくら学業を積み上げても、何かの契機から、学習意欲が、がらがらとくずれてしまうことが少なくありません。近頃の思春期以後の子どもにそれが非常に多くなっています。思春期以後のいろいろな事件から子どもを守るためにも、落ちついて楽しい家庭生活をどのようにして実現したらよいかを考えてみる必要があります。

その点で、学校教育が家庭生活を侵害しないように、教師もまた十分に配慮をすべきです。

子どもの意欲はどうすれば育つ?

勉強なんか大嫌い

勉強が好きな子の方が危ない

学校には行っているものの、そして、頭は悪くないのに、勉強をする意欲がない――という子どもが少なくありません。したがって当然学業成績は振わないのです。ご両親は、やりさえすればできるのに――と思うでしょうし、しつこくそのことを言って聞かせることにもなるでしょう。

小学校低学年のころはよくできる子どもだったのに、だんだんと成績が下がってきたという子どもの中にも、やる気のない子どもがいます。

また、中学生になってから、急に勉強する意欲を失ってしまったという子どももいて、その中から登校拒否児が現れてもきます。

あるいは、好きな学科についてはかなり熱意を燃やし、知識も豊かに持っているのに、嫌いな学科となると、手をつけようともしないという子どももいます。

一般的にいえば、勉強が好きで好きでたまらないという子どもの数は、非常に少ないといえましょう。ご両親の多くも、子どものころにはそうではなかったかと思います。勉強好きの子どもも、実は、友だちがなかったりして、勉強に逃避している例があります。その方が、先生からも両親からも認められるからです。そのような優等生だからこそ、友だちもできないということにもなりましょう。そうなれば、勉強が好きで成績優秀という子どもにも問題がありそうです。

学校へ行ってはいるが勉強する気のない子どもは、中学生にも高校生にもいますし、大学生の中にもいるのです。何のために大学へ行っているのか――というと、遊ぶためなのです。遊ぶことは好きだという子どももいますが、その遊びがよくない遊びであることが起きてきます。そうした子どもたちは、仲間になります。よく、友だちが悪いから不良になったなどと言いますし、〝朱に交われば赤くなる〟とも言われてきましたが、実は、類は友を呼ぶ――のです。同じような状態の子どもが仲間を作るのです。そして、すぐに流行を追います。シンナーを吸います。家からのお金の持ち出しを始め、それができなければ、悪いことをしてでも金策をします。遊びにはお金がかかるからです。

悪い遊びが始まると、両親は急にうるさくなります。訓戒や説諭を始めます。そうなれば、いっそう家にいることがいやになり、外泊を始めるでしょう。帰ってくれば怒られるので、外泊が続くでしょう。そして遊びに耽《ふけ》り、心の奥底にある悩みを発散させるのです。遊んでばかりいて悩みなどはないように見えますが、心の奥では淋《さび》しいのです。両親にも先生にも、自分の心を受けいれてもらえなかった体験をしています。そんなことはない、十分に可愛がった――というご両親もあるかも知れませんが、それは物質的な面であって、子どもと遊ぶとか、家庭を楽しくするという面では欠けていたのではないでしょうか。むしろ、物質的な面で可愛がるというのは、非常に危険なことなのです。物質万能な心が育ち、流行を追うような子どもになってしまうのですから。

勉強以外のよさを認めてあげよう

一方、家庭が忙しく、子どもになどかまっていられない――という家庭の子どもは、最も淋しい思いをしているのです。忙しくても、両親との心の結びつきができていれば、子どもの心は温かいのですが、その結びつきがないときに、最も深い淋しさを心の奥に持ち、刹那的《せつなてき》な楽しさでそれを紛らわそうとするのです。

しかし、心の淋しい子どもは、そういう家庭の子どもばかりではありません。うちでは、きちっと子どもを育ててきたのに——というご両親もいるでしょう。ところが、しつけが優先していて、楽しく温かい家庭の雰囲気を味わうことができなかったという子どももいるのです。しつけは、温かい家庭の雰囲気の中で行われなければならないからです。私は、しつけには冷たさが伴うことがあるので、しつけをやめようという提案をしています。

中には、しつけよりも、頭のよい子に育てることばかりで、成績が悪かったりすると、それだけで両親から軽蔑《けいべつ》されたという子どもも、淋しい思いをしているのです。それは、人格が認められないからです。中には、東大病のような両親もいて、子どもは苦しい思いをしています。そのような両親は、成績のよいきょうだいを可愛がりますし、絶えず比較してものを言うようになりますので、成績の悪い子は淋しい思いをしているのです。

淋しい思いをしている子どもは、家庭においても学校においても、いろいろな圧力を受けている子ですから、自発性が育ちにくいのです。自発性が育っていないと、意欲は発揮されません。ですから、意欲を発揮できるように、自発性を育てることに主眼がおかれるべきです。自発性が発達するには、「まかされる」という体